U0942781

经治
财法

中证中小投资者服务中心
CHINA SECURITIES
INVESTOR SERVICES CENTER

投资者

INVESTOR

第19辑
（2022年8月）

夏建亭　主编

法律出版社
LAW PRESS · CHINA
北京

图书在版编目(CIP)数据

投资者. 第19辑 / 夏建亭主编. -- 北京 : 法律出版社, 2022
ISBN 978 - 7 - 5197 - 7327 - 4

Ⅰ. ①投… Ⅱ. ①夏… Ⅲ. ①投资－研究－中国 ②投资－金融法－研究－中国 Ⅳ. ①F832.48 ②D922.280.4

中国版本图书馆CIP数据核字(2022)第224430号

投资者(第19辑)
TOUZIZHE (DI-19 JI)

夏建亭 主编

策划编辑 陈 妮
责任编辑 陈 妮 黄 筝 张思婕
装帧设计 李 瞻

出版发行 法律出版社
编辑统筹 法治与经济出版分社
责任校对 王晓萍 王语童
责任印制 吕亚莉
经　　销 新华书店

开本 787毫米×1092毫米 1/16
印张 11.75 字数 219千
版本 2022年8月第1版
印次 2022年8月第1次印刷
印刷 固安华明印业有限公司

地址:北京市丰台区莲花池西里7号(100073)
网址:www.lawpress.com.cn
投稿邮箱:info@lawpress.com.cn
举报盗版邮箱:jbwq@lawpress.com.cn
销售电话:010 - 83938349
客服电话:010 - 83938350
咨询电话:010 - 63939796

书号:ISBN 978 - 7 - 5197 - 7327 - 4
定价:67.00元
凡购买本社图书,如有印装错误,我社负责退换。电话:010 - 83938349

投资者
INVESTOR

卷首语

投资者是资本市场健康发展的基础，保护投资者合法权益是资本市场监管的根本使命。为汇集各方智慧，交流投资者保护的工作经验，重点探讨注册制下投资者保护的热点、难点问题，为中小投资者保护事业发展献计献策，为资本市场生态环境改善贡献智慧，中证中小投资者服务中心开展了"保护投资者合法权益，夯实注册制改革基础"专题征文。本辑分为4个专题，收录了11篇文章，其中包含6篇优秀征文作品和5篇日常投稿作品。

【政策解读】收录3篇文章

孙鸿的《从最高法的新规解释和证监会的行政监管看证券市场看门人的归责变化》认为，针对会计师事务所作为证券市场看门人之一的审计侵权赔偿责任，过往裁判案例责任认定的标准和尺度尚不统一。证券虚假陈述最新司法解释、其理解与适用、证券监管部门答复等的发布，不仅给予了会计师事务所更明确的抗辩空间，使其免于讼累，而且在实现"责任与侵权行为相匹配"的目标上，给予市场以持续发展的信心。希望未来司法实践中，证券监管部门可以对审计侵权赔偿责任中如何适用最新司法解释进行统一明确的裁判。

傅福兴、李伊凝的《我国〈期货和衍生品法〉视域下期货公司退出机制初探——基于对德国期货监管制度的研究》以我国监管功能的实现为切入视角，在宏观层面从我国期货市场和期货公司的发展现状分析其退出的充分性，在微观层面审视期货公司的潜在风险，论述其退出的必要性。在退出机制的构建方面，衔接金融稳定法的立法意图与具体措施，参考德国期货监管的经验，以"建制度、不干预、零容忍"的方针确定退出机制基本框架，为我国期货公司退出机制的构建提供参考。

刘世幸的《〈公司法〉修订背景下公司治理结构变革的探析》认为，公司治理与国家治理密不可分,从一定意义上讲,公司治理就是国家治理的缩影,公司治理体系和治理能力现代化无疑是国家治理体系和治理能力现代化的重要组成部分。因此,在市场经济条件下推动公司治理体系与治理能力现代化,作为市场经济之法的公司法理应担当起时代重任,与时俱进地改革与发展,这关乎中国未来经济发展的走向。正值我国新一轮《中华人民共和国公司法》修订之际,面临公司治理的全球化滥觞,治理现状对公司治理不断提出新的目标和要求。明确公司治理结构作为微观企业制度核心的重要性,从规范层面对公司治理结构不断革新,首先,应明确公司的治理定位和自治边界,厘清各组织机构的强制性规范与任意性规范的配置;其次,要摆脱对我国既有治理结构的路径依赖,不被以何为中心的传统坐标束缚治理思路;最后,以公司的类型化规范实现公司治理结构的重塑,通过具体区分封闭性公司与开放性公司的组织机构设置,进行科学的权衡取舍留待商事实践选择,在回应多数公司实际治理需求的过程中为实现公司治理结构革新提供有益的思考。

【理论探究】收录4篇文章

谭子文的《违反投资者适当性义务参照适用惩罚性赔偿研究》认为,个人投资者可以被视为受消费者权益保护法保护的金融消费者,金融机构故意违反适当性义务可能构成欺诈,有参照适用惩罚性赔偿的空间。对惩罚性赔偿的参照适用,既有利于遏制金融机构不法推销行为、激励投资者起诉,也能在一定程度上弥补金融产品创新层出不穷背景下行政监管的不足。但是,违反适当性义务并不意味着要机械适用"退一赔三"的规定,应从惩罚性赔偿数额倍数、故意要件及其举证责任转换、求偿投资者自身因素等方面作细致分析,审慎参照适用惩罚性赔偿的规定,以免利益失衡。

张志旺的《证券虚假陈述中董监高的"内部人"民事责任》认为,包括独立董事在内的董监高是"内部人",在公司信息披露过程中履行的是职务行为。虚假陈述是一种侵权行为,董监高因公司虚假陈述对投资者承担民事责任,"突破了传统民法关于职务行为免于对外承担个人责任的原则"。为此,应当基于董监高职务行为及"内部人"义务来确定其民事责任:违反忠实义务的董监高承担完全连带赔偿责任;违反勤勉义务的董监高承担部分连带赔偿责任。

吴英志的《论公司强制股份转换中的少数股东保护》认为,公司强制股份转换属于类似合并的股权收购行为,具有类似挤出式合并强制逐出少数股东与上市公司合并私有化下市之效果,故应于公司强制股份转换交易过程中建立起利益冲突回避、资讯强制揭露、受托人义务与责任设计以及异议股东评估权行使程序设计的框架,以调和控制股东与少数股东之间、管理阶层与少数股东之间的利益冲突，进而全面强化公司强制股份转换中少数股东的权益保护。

李慧腾的《比较视阈下简易破产程序建构的必要性与可行性》认为，市场化破产中引入简易程序，是控制成本和追求效率的综合考量。简易程序曾被规定在破产法草案中，但后又被删去；现阶段破产案件大幅增长，中小企业及个人适用普通破产程序出现系列问题，且简易破产程序有其正当性基础，设立此制度的必要性已充分。同时，政策导向、司法实践、繁简分流的改革探索以及特殊主体的强烈需求，经济需求、特殊主体的考量、法治观念和破产职业共同体等因素，共同构成了域外简易破产程序立法的可行性。在优化营商环境背景下，构建简易破产程序存在一定困难。立法层面最终确立简易破产程序前，需要加强破产人才培养机制，助力府院联动，增强破产效率意识，完善破产监督机制。

【市场实务】收录 3 篇文章

郝勇博的《辽宁辖区上市公司投资者关系管理状况研究》基于问卷调查数据，对辖区 51 家上市公司的投资者关系管理保障、网站投资者关系管理、开展投资者关系管理活动以及互动情况进行了分析评价。结果显示，辽宁辖区上市公司投资者关系管理工作总体上收获了较好成效，但在投资者关系管理活动形式和网站专栏内容等方面有待进一步优化。对此，文章建议相关公司进一步丰富活动形式、优化网站功能、完善配套制度及加强协作联动，扎实做好投资者关系管理各项工作，加强上市公司与投资者之间的有效沟通。

黄江东、施蕾的《证券监管执法的若干典型问题及完善建议——基于证监会 2021 年 345 例行政处罚的实证研究》对证监会 2021 年作出的 345 例行政处罚决定所涉违法行为、处罚对象、罚没金额、执法周期、当事人陈述申辩等进行全景分析，在此基础上检视现阶段证券监管执法的典型问题，如行政处罚裁量基准缺失、行政和解制度被虚置、监管执法周期过长、行政听证未能充分发挥实质功能、合规激励尚未嵌入监管执法等。针对上述问题，文章建议对监管执法制度进行规范与重塑，具体包含制定并公开行政处罚裁量基准、缩短执法周期、激活中国特色行政和解、强化听证制度及探索建立合规不处罚或从轻处罚机制等。

洪鹏的《证券虚假陈述案件实证分析——以案件审理中的主要争议焦点为视角》结合《中华人民共和国证券法》、《最高人民法院关于审理证券市场虚假陈述侵权民事赔偿案件的若干规定》、司法实践以及作者的实务经验，对证券市场虚假陈述纠纷案件中的揭露日的认定、重大性、过错、损失和因果关系进行实证分析、探讨,并提出自己的观点。

【投教园地】收录 1 篇文章

赵尚琪、赵秀芹的《如何让投资者在注册制下行稳致远》认为,在我国注册制推进的过程中,投教工作在其中发挥着重要作用。在注册制下,证券公司的投教工作需要帮助投资者正确认识自己、认识风险、认识权益。这需要投教工作人员在事前、事中、事后三个阶段,针对不同的目标人群制订相应的投教规划。为此,证券公司需要重视从业人员培训,提升投资者投资能力、强化投资者维权意识。在尊重注册制的基本内涵、参考国际最佳实践的前提之下,根据我国特色和发展阶段特征,构建一套完善的投资者教育体系,才能让投资者在注册制下行稳致远。

目　　录

政策解读

理论探究

市场实务

CONTENTS

Market Practice

Investor Education

政策解读

INVESTOR

从最高法的新规解释和证监会的行政监管看证券市场看门人的归责变化

孙　鸿*

摘　要:针对会计师事务所作为证券市场看门人之一的审计侵权赔偿责任,过往裁判案例就责任认定的标准和尺度尚不统一。随着证券虚假陈述最新司法解释、其理解与适用、证券监管部门答复等文件的发布,不仅给予了会计师事务所更明确的抗辩空间,使其免于讼累,也在实现"责任与侵权行为相匹配"的目标上,给予市场持续发展的信心。未来司法实践中可以对审计侵权赔偿责任中适用最新司法解释进行统一明确的裁判。

关键词:证券虚假陈述　证券服务机构　会计师事务所　审计侵权责任

近年来,人民法院、专家学者和监管部门针对《最高人民法院关于审理证券市场虚假陈述侵权民事赔偿案件的若干规定》(以下简称《新规解释》)的讨论渐趋激烈,各方已从不同角度去剖析《新规解释》中揭示的变化和仍可能保留的裁判尺度。就此,笔者希望结合自身经办案件的实践经验,探讨证券市场看门人①在证券虚假陈述责任纠纷中民事赔偿连带责任的归责变化,尤其是作为证券市场看门人之一的依法执业进行审计的会计师事务所。通常来说,在认定发行人或上市公司存在虚假陈述行为的前提下,会计师事务所难免因证券服务过程中所提供的专业服务而承担或多或少的连带赔偿责任。然而,笔者发现,随着金融审判越来越专业化,在《全国法院民商事审判工作会议纪要》统一司法裁判的背景下,市场上对于证券服务机构尤其是会

---

* 德恒上海律师事务所律师,中证中小投资者服务中心公益律师。

① 证券市场看门人通常指"证券服务机构",即《中华人民共和国证券法》第163条规定的为证券的发行、上市、交易等证券业务活动制作、出具法律意见书、审计报告、资产评估报告、资信评级报告等文件的律师事务所、会计师事务所、资信评级机构等。

计师事务所罚责相当的呼声越来越高,这也给予了会计师事务所在连带赔偿责任上更大程度的抗辩空间。本文将进一步结合现有判例和《新规解释》第 17 条、第 18 条等法律法规,分析会计师事务所在证券虚假陈述案件中承担赔偿责任的归责逻辑,以期促进行业的规范发展。

一、上海高级人民法院参考性案例第 119 号在查明会计师事务所责任方面的司法实践

在上海市高级人民法院(以下简称上海高院)发布的招商证券股份有限公司与李某川、周某东证券虚假陈述责任纠纷二审民事判决书[一审案号为(2019)沪 74 民初 1049 号,二审案号为(2020)沪民终 666 号,参考案例第 119 号]中,二审法院认为,"关于瑞华事务所是否勤勉尽责。在案涉'智慧石拐'项目中,瑞华事务所向包头市石拐区政府发送落款时间为 2014 年 1 月 24 日的《企业询证函》,但是该函件未显示对方的任何回复或确认内容,瑞华事务所制作的复核日期同样为 2014 年 1 月 24 日的《应收账款函证回函结果明细表》记载该项目已收回函证且确认销售金额 5000 万元。就该审计工作底稿中如何列示'回函确认销售金额',瑞华事务所未予合理解释"。

笔者认为,一方面,在瑞华事务所无法就《企业询证函》的发出和收回作出合理解释的情况下,认定瑞华事务所未勤勉尽责,符合市场对于证券市场看门人的预期,也符合民事证据领域的归责逻辑。另一方面,会计师事务所的独立审计具有天然缺陷,其对所出具的审计报告仅承担合理的保证责任,而非绝对的保证责任,会计师事务所的审计并非对所有细节一概而论地进行背书。因此,只要会计师事务所实施了恰当的审计程序,就没有必要再去怀疑所获得的函证、财务资料的真实性。[①] 这在《新规解释》第 19 条[②]第 2 款的规定中也是明确的。从审计实务领域来看,该规则的确定有

---

① 何海锋、陈豪鑫、蒋若楠:《"经济警察"如何担责?——新〈虚假陈述若干规定〉时代会计师事务所的民事责任 | 证券法评》,作者单位为天同律师事务所北京办公室,2022 年 2 月 28 日发布于"天同诉讼圈"微信公众号。

② 《新规解释》第 19 条规定:"会计师事务所能够证明下列情形之一的,人民法院应当认定其没有过错:

(一)按照执业准则、规则确定的工作程序和核查手段并保持必要的职业谨慎,仍未发现被审计的会计资料存在错误的;

(二)审计业务必须依赖的金融机构、发行人的供应商、客户等相关单位提供不实证明文件,会计师事务所保持了必要的职业谨慎仍未发现的;

(三)已对发行人的舞弊迹象提出警告并在审计业务报告中发表了审慎审计意见的;

(四)能够证明没有过错的其他情形。"

利于在保证会计师事务所合理支出成本的情况下，一定程度上保障最终审计报告的可靠性和可依赖性，同时避免了过高的验证支出导致入不敷出，而影响会计师事务所乃至行业的收支平衡。

此外，在上海市高级人民法院参考性案例第 119 号中，二审法院认为，“瑞华事务所未能提供证据证明其实施了必要的审计程序，对‘智慧石拐’项目的实际开工情况、施工进展、完工进度等缺乏应有的关注以及必要的数据复核。据此，瑞华事务所在出具案涉审计报告过程中，存在未勤勉尽责的情形”。

笔者认为，审计机构的责任边界是否包括“开工情况、施工进展、完工进度”等工程实施细节有待商榷，通常来说，该等细节并非审计领域当然需要关注的核心内容，要求进行数据复核没有显著的必要性。审计并非一门精算科学，财务资料的固有风险及抽样审计方式使审计报告的真实性只能是相对而言的，[①]在并非当然需要关注的领域苛求会计师事务所勤勉尽责，涉嫌从结果倒推原因的行为。从根源上来看，会计师事务所是公开信息的审验机构，而非《新规解释》下的信息披露义务人，会计师事务所仅仅是发行人披露财务信息的验证机构，在溯源资料存在人为缺陷的情况下要求会计师事务所发现虚假陈述，超出了会计师事务所的行业执业规范规定。

《新规解释》第 18 条[②]也已明确规定，会计师事务所的责任限于其工作范围和专业领域，在判断会计师事务所有无过错方面的标准细化为：参考行业执业规范规定的工作范围和程序要求等内容，结合其核查、验证工作底稿等相关证据，认定其是否存在过错；能够证明其对所依赖的基础工作或者专业意见经过审慎核查和必要的调查、复核，排除了职业怀疑并形成合理信赖的，应当认定没有过错。相较于 2003 年的《最高人民法院关于审理证券市场因虚假陈述引发的民事赔偿案件的若干规定》，《新规解释》无疑更加能够公平公正地保障广大投资者的合法权益不受到侵害，在会计师事务所无法证明其没有过错的情形下，法律法规仍是向投资者权益倾斜的，这也符合投资者、会计师事务所不同身份主体承担不同举证责任的最新价值取向。同时，该条款

① 参见最高人民法院民事审判第二庭编著：《最高人民法院关于会计师事务所审计侵权赔偿责任的理解与适用》（《审计侵权的理解与适用》），人民法院出版社 2007 年版，第 266 ~ 267 页。

② 《新规解释》第 18 条规定：“会计师事务所、律师事务所、资信评级机构、资产评估机构、财务顾问等证券服务机构制作、出具的文件存在虚假陈述的，人民法院应当按照法律、行政法规、监管部门制定的规章和规范性文件，参考行业执业规范规定的工作范围和程序要求等内容，结合其核查、验证工作底稿等相关证据，认定其是否存在过错。

证券服务机构的责任限于其工作范围和专业领域。证券服务机构依赖保荐机构或者其他证券服务机构的基础工作或者专业意见致使其出具的专业意见存在虚假陈述，能够证明其对所依赖的基础工作或者专业意见经过审慎核查和必要的调查、复核，排除了职业怀疑并形成合理信赖的，人民法院应当认定其没有过错。”

对证券市场看门人提出了更高的执业要求,在确实能够提供证据证明排除职业怀疑并形成合理信赖的前提下,《新规解释》给予会计师事务所相当大的抗辩空间,有助于提升行业整体的执业水平。

从《新规解释》第 18 条出发,笔者认为,上述案例中法院认为缺乏应有关注的事项,可能就不能再看作审计机构的工作范围和专业领域。但是,是否能够完全排除职业怀疑并形成合理信赖是值得结合证据材料进一步探讨的,是否凭借书面函证即可验证"只要会计师事务所实施了恰当的审计程序,就没有必要再去怀疑所获得的函证、财务资料的真实性",从现有的生效裁判来看,答案是否定的。既有案件程度的书面函证尚不足以使法院站在会计师事务所的角度排除职业怀疑并形成合理信赖,如此看来,未来会计师事务所在举证证明其勤勉尽责方面的基础准备工作还有很多,日常的会计师事务所合规经营中的情况也亟待改善。

也有观点认为,上述案例恰恰与《新规解释》相互契合,符合《新规解释》第 6 条[①]规定中"预测性信息安全港原则"的例外情形。在上海市高级人民法院参考性案例第 119 号中,案涉信息披露文件包括《盈利预测审核报告》,系对盈利预测、发展规划等方面的预测性信息,结合《新规解释》来看,即使与实际经营情况存在重大差异,也不能当然认定事务所实施了虚假陈述行为,这与预测信息的根本属性一致,没有人可以预测未来发生的事项,这也是给予上市公司对外进行披露时的特殊照顾,避免了过于严苛的信息披露规则导致上市公司完全无法披露潜在的利好消息,正确引导投资者的交易决策。就此,法院对瑞华事务所进行责任认定时,也是充分考量了盈利预测本身的特性,法院重点关注的是影响盈利预测的重点项目是否进行了实际履行方面的形式审核。这与例外情形在一定程度上是吻合的,工程是否实际履行,有无发生重大变化,在法院看来,是预测信息的基础。若会计师事务所能够发现工程施工细节,则或可避免该等信息披露违规和虚假陈述行为的发生。但鉴于《新规解释》发布的时间晚于上述案例,在预测性信息披露方面并未完全按照《新规解释》进行充分的讨论。

---

① 《新规解释》第 6 条规定:"原告以信息披露文件中的盈利预测、发展规划等预测性信息与实际经营情况存在重大差异为由主张发行人实施虚假陈述的,人民法院不予支持,但有下列情形之一的除外:

(一)信息披露文件未对影响该预测实现的重要因素进行充分风险提示的;

(二)预测性信息所依据的基本假设、选用的会计政策等编制基础明显不合理的;

(三)预测性信息所依据的前提发生重大变化时,未及时履行更正义务的。

前款所称的重大差异,可以参照监管部门和证券交易场所的有关规定认定。"

二、人民法院和监管部门对证券服务机构的保障日渐加强

就前述案例提及的会计师事务所等证券服务机构的归责认定,最高人民法院(以下简称最高法)以及中国证券监督委员会(以下简称证监会)均发布相关文件予以明确。在市场普遍不看好会计师事务所等证券市场看门人因虚假陈述承担过高赔偿责任的情形下,最高法与证监会的文件无疑给市场带来了积极影响,也给会计师事务所诚信合规经营注入了强心针,相信在过失和罚责间内在联系的判断认定上会有所改变。在周某诉成都华泽钴镍材料股份有限公司、国信证券股份有限公司等证券虚假陈述责任纠纷案[一审案号为(2019)川01民初1626号,二审案号为(2020)川民终293号]中,成都市中级人民法院认为,“证券法的立法目的在于切实维护投资者合法权益的同时,通过民事责任追究实现震慑违法的功能,维护资本市场公开、公平、公正的市场秩序,有必要评价不同主体的侵权行为所造成的后果,以区分各自应当的责任份额,实现责任与侵权行为、主观过错程度相匹配”。笔者认为,会计师事务所在证券虚假陈述责任纠纷中承担的赔偿责任应当与其过错程度相匹配。

2022年《〈关于审理证券市场虚假陈述侵权民事赔偿案件的若干规定〉理解与适用》(以下简称《理解与适用》)①中强调,“就近年来会计师事务所责任案件审理中的实际情况,在《关于审理涉及会计师事务所在审计业务活动中民事侵权赔偿案件的若干规定》(以下简称《审计规定》)第7条规定的基础上,吸收财政部、证监会等监管部门的意见,《新规解释》第19条规定了会计师事务所的免责事由,以保障依法执业的会计师事务所免于讼累”。

在《理解与适用》中,最高法明确规定,“《中华人民共和国证券法》(以下简称《证券法》)第163条②规定了虚假陈述的民事责任,其法源应当溯源至《中华人民共和国民法典》第1165条关于‘行为人因过错侵害他人民事权益造成损害的,应当承担侵权责任。依照法律规定推定行为人有过错,其不能证明自己没有过错的,应当承担侵权

---

① 参见林文学、付金联、周伦军:《〈关于审理证券市场虚假陈述侵权民事赔偿案件的若干规定〉理解与适用》,载《人民司法》2022年第7期。

② 《证券法》第163条规定:“证券服务机构为证券的发行、上市、交易等证券业务活动制作、出具审计报告及其他鉴证报告、资产评估报告、财务顾问报告、资信评级报告或者法律意见书等文件,应当勤勉尽责,对所依据的文件资料内容的真实性、准确性、完整性进行核查和验证。其制作、出具的文件有虚假记载、误导性陈述或者重大遗漏,给他人造成损失的,应当与委托人承担连带赔偿责任,但是能够证明自己没有过错的除外。”

责任'的规定"。

《理解与适用》进一步强调,针对《中华人民共和国证券法》第 163 条对证券服务机构规定的过错推定责任,在国内学术界存在两种观点:一种观点认为,证券法中的过错与民法中的过错具有相同含义,包含故意、重大过失和轻微过失;另一种观点则认为,证券法中的过错与民法意义上的过错不同,二级市场上的证券虚假陈述中,中介机构与投资者之间没有合同关系,不能完全以合同义务来确定责任,尤其是应当区分是否有故意或重大过失,如果只是轻微的过失,则不应当承担责任。《新规解释》采用了第二种观点,其第 13 条①规定将过错明确限定为故意和重大过失,其理由在于:从体系解释的角度出发,按照举重以明轻的解释方法,作为外部监督者的会计师事务所的责任当然不可能重于发行人等内部人员;美国证券法规定"只有故意欺诈、明知虚假陈述具有误导投资者的危险仍放任,以及罔顾事实的重大过失行为"才构成证券法上的过错,而程度较轻的轻微过失并不能产生巨额的民事赔偿责任,以避免信息披露可能引发的寒蝉效应,以及避免对会计师事务所等中介机构招揽人才和企业管理产生不利的影响。为此,《新规解释》在第 13 条的基础上明确规定了何种情形构成免责事由,也可以将第 19 条理解为相较于轻微过失而言程度更轻的情形。

同样地,证监会在《对十三届全国人大第四次会议第 3755 号建议的答复》(以下简称《人大建议答复》)中明确,"我会在日常监管及执法过程中,严格区分会计责任和审计责任,判定会计责任以是否违反了《企业会计准则》等会计制度为依据,判定审计责任则以是否违反了《中国注册会计师职业准则》等执业准则为基准,并不以上市公司等主体信息披露虚假的会计责任而直接'倒推'审计机构的审计责任。我们同意提案所提的建议,并将持续加强资本市场会计监管,继续推动各类主体各尽其责,切实提升资本市场财务信息披露质量以及审计机构执业能力"。

在《人大建议答复》中,证监会也已明确,"《证券法》第 163 条规定了……我们认为,应当基于侵权法规定与原理解释该条文,即在如何区分侵权人过错类型的基础上,确定与过错程度相适应的侵权责任;同时也要考量法律逻辑与公共政策的平衡,即在遵循侵权法原理的前提下,兼顾'通过侵权责任手段激励证券服务机构切实发挥看门人作用''避免因责任过重威胁到证券服务机构行业经营'双重政策目标的实

① 《新规解释》第 13 条规定:"证券法第八十五条、第一百六十三条所称的过错,包括以下两种情形:
(一)行为人故意制作、出具存在虚假陈述的信息披露文件,或者明知信息披露文件存在虚假陈述而不予指明、予以发布;
(二)行为人严重违反注意义务,对信息披露文件中虚假陈述的形成或者发布存在过失。"

现，切实保障资本市场的健康发展”。

这点在审判实务和司法解释当中亦有体现。例如，最高法早在《审计规定》第7条①中即规定了与《新规解释》相类似的免责事由；最高法在《全国法院审理债券纠纷案件座谈会纪要》（以下简称《债券纪要》）第30条规定②列举了承销机构的免责事由，虽与会计师事务所不完全相同，但也有一定的借鉴意义，其中第3项即与《新规解释》第18条的“排除合理怀疑”相类似，其中第4项未曾出现在《新规解释》或《理解与适用》之中，但笔者认为，第4项规定的“即使完整履行了相关程序也难以发现”也可适用于会计师事务所的免责事由，未来在会计师事务所进行责任抗辩时，至少可将该等情形纳入《新规解释》第19条“能够证明没有过错的其他情形”的兜底条款之中。

针对《债券纪要》第30条第4项所规定的情形，笔者曾在类似案件中遇到会计师事务所因上市公司的控股股东未主动披露股权代持而引发的关联方及关联关系未披露的证券虚假陈述。如果适用《新规解释》第19条的兜底条款，会计师事务所或可抗辩股权代持事由系“即使完整履行了相关程序也难以发现”的情形，在此情况下，无法苛责会计师事务所对此“非上市公司直接的”间接信息披露瑕疵承担责任。笔者认为，在该类型的虚假陈述中会计师事务所承担的责任已超出行业执业规范规定，中介机构无从得知控股股东的股权代持情形，会计师事务所的行为甚至都不属于轻微过失的情形，因此无须承担证券虚假陈述赔偿责任。

---

① 《审计规定》第7条规定：“会计师事务所能够证明存在以下情形之一的，不承担民事赔偿责任：

（一）已经遵守执业准则、规则确定的工作程序并保持必要的职业谨慎，但仍未能发现被审计的会计资料错误；

（二）审计业务所必须依赖的金融机构等单位提供虚假或者不实的证明文件，会计师事务所在保持必要的职业谨慎下仍未能发现其虚假或者不实；

（三）已对被审计单位的舞弊迹象提出警告并在审计业务报告中予以指明；

（四）已经遵照验资程序进行审核并出具报告，但被验资单位在注册登记后抽逃资金；

（五）为登记时未出资或者未足额出资的出资人出具不实报告，但出资人在登记后已补足出资。”

② 《债券纪要》第30条规定：“债券承销机构的免责抗辩。债券承销机构对发行人信息披露文件中关于发行人偿付能力的相关内容，能够提交尽职调查工作底稿、尽职调查报告等证据证明符合下列情形之一的，人民法院应当认定其没有过错：

(1)已经按照法律、行政法规和债券监管部门的规范性文件、执业规范和自律监管规则要求，通过查阅、访谈、列席会议、实地调查、印证和讨论等方法，对债券发行相关情况进行了合理尽职调查；

(2)对信息披露文件中没有债券服务机构专业意见支持的重要内容，经过尽职调查和独立判断，有合理的理由相信该部分信息披露内容与真实情况相符；

(3)对信息披露文件中相关债券服务机构出具专业意见的重要内容，在履行了审慎核查和必要的调查、复核工作的基础上，排除了原先的合理怀疑；

(4)尽职调查工作虽然存在瑕疵，但即使完整履行了相关程序也难以发现信息披露文件存在虚假记载、误导性陈述或者重大遗漏。”

与上述文件相一致的是,《新规解释》已废除前置程序,不再以证券监管部门的行政处罚决定等处理结果作为立案前提。这从另一方面说明,监管部门的执法调查应当与人民法院的民事审判相互独立,不论在先是否存在立案调查或行政处罚,也不论行政执法中是否对勤勉责任进行查明,均应当给予会计师事务所等证券服务机构以证据材料证明其不应承担虚假陈述赔偿责任的机会,避免以结果倒推原因的不公正情形产生。

而且,《人大建议答复》中,证监会同意提案关于"……'证券服务机构能够证明自身没有过错的,不承担赔偿责任'的意见",并明确答复,对于证券服务机构因过失造成投资者损失的赔偿责任,"最高人民法院将加快对该问题的深入调研,尽快出台合理确定证券服务机构民事赔偿责任的规则,以准确适用证券法相关规定,平衡保护相关主体利益,公平分配侵权责任与商业活动损失"。我们相信,在未来的审理实务中将逐步确定证券市场看门人尤其是会计师事务所承担侵权赔偿责任的具体标准。

三、服务机构的"勤勉尽责抗辩"

美国证券法的过错概念包括欺诈的故意和重大过失,只有故意欺诈、明知仍然放任、罔顾事实的重大过失行为,才能构成美国证券法上的过错。[①] 这与我国《新规解释》第13条将《证券法》第163条的过错限定为故意和重大过失是一致的。

从归责逻辑上来看,《证券法》第163条所规定的过错推定至少存在两种理解,一种是全部连带责任,另一种是比例连带责任。[②] 前者类似于上海高院参考案例第119号原一审判决中的"作为审计机构,会计师事务所本应勤勉尽责,在未能提供证据证明其对此不存在过错的情形下,应当与上市公司承担连带责任"。据此,一审判决认定瑞华会计师事务所承担全部连带责任。后者则出现在同一案例的二审判决中,上海高院认为,"会计责任与审计责任具有不同内涵和构成要件,会计师事务所是否勤勉尽责应根据法律和执业标准结合案件事实予以认定……连带赔偿责任并非仅限于全额连带赔偿,部分连带赔偿责任仍是法律所认可的一种责任形式"。最终法院在二审判决中所采用的规则逻辑与《新规解释》第18条第2款相类似,将责任限定在会计师事务所的工作范围和专业领域内,并在考量过错程度、造成投资者损失的原因力等

① 参见林文学、付金联、周伦军:《〈关于审理证券市场虚假陈述侵权民事赔偿案件的若干规定〉理解与适用》,载《人民司法》2022年第7期。

② 郭雳、吴韵凯:《虚假陈述案件中证券服务机构民事责任承担再审视丨证券法评》,作者单位为北京大学法学院,2022年8月29日发布于"天同诉讼圈"微信公众号。

因素后，酌定瑞华会计师事务所承担比例连带责任。

美国证券法起初未对如何认定各个连带责任人之间的责任大小作出规定，直到1995年的《私人证券诉讼改革法案》才作出修正，即仅在明知故犯(knowingly)的情形下，虚假陈述侵权行为人才会对投资者的损失承担赔偿责任，并承担一般的连带赔偿责任。美国证券法之所以作出修正，主要是为了抑制证券集体诉讼的滥用，职业性的滥诉已经严重地损害了美国证券市场的竞争力。美国证券市场的实践证明，律师、会计师之类的专业机构通常不会积极参与虚假信息的制造和传播，忽视这些机构主观故意状态而简单要求其承担一般连带责任的做法打击了他们参与证券市场的积极性。① 进一步讲，美国《私人证券诉讼改革法案》修正后的比例连带责任也与上海高院参考案例第119号中法院所创设的规则不同，即不知情被告仅承担与其责任相当的赔偿份额。②

具体来看，究竟哪些事项属于会计师事务所可利用的免责事由？笔者对比了《新规解释》第19条、《审计侵权的理解与适用》规定的免责事由，整理罗列如表1所示：

表1 《新规解释》第19条、《审计侵权的理解与适用》规定的免责事由

《新规解释》第19条	《审计侵权的理解与适用》
(一)按照执业准则、规则确定的工作程序和核查手段并保持必要的职业谨慎，仍未发现被审计的会计资料存在错误的	审计自身固有局限，即会计师事务所按照执业准则、规则确定的工作程序和核查手段并保持必要的职业谨慎，仍未发现被审计的会计资料存在错误
(二)审计业务必须依赖的金融机构、发行人的供应商、客户等相关单位提供不实证明文件，会计师事务所保持了必要的职业谨慎仍未发现的	外部证据存在瑕疵，即审计业务必须依赖的金融机构、发行人的供应商、客户等相关单位提供不实证明文件，会计师事务所保持了必要的职业谨慎仍未发现
(三)已对发行人的舞弊迹象提出警告并在审计业务报告中发表了审慎审计意见的	错误舞弊已予披露，即会计师事务所已对发行人的舞弊迹象提出警告并在审计业务报告中发表了审慎审计意见
(四)能够证明没有过错的其他情形	—

① 李文、张婷婷:《环球资本市场丨美国证券承销机构虚假陈述侵权责任归责原则——兼论中国证券虚假陈述制度的问题、思路与方向》，作者单位为环球律师事务所，2022年8月26日发布于“环球律师事务所”微信公众号。

② 所谓比例责任是指不知情被告仅承担与其责任相当的赔偿份额，但对于投资人未能获得足额赔偿的“未偿金额”，应当按照以下两种情形分别承担不同程度的“额外赔偿责任”:(1)在投资者是自然人的情况下，如果其净资产不足20万美元，且法院判决的赔偿金额超过其净资产的10%，不知情被告对未偿金额承担全额连带责任。投资人的净资产应当按照距离其购买或出售涉案证券最近之日所持财产的公允价值减掉其债务进行计算。(2)对于其他投资者，不知情被告承担与其责任相称的连带赔偿责任，但所承担的赔偿金额不得超过其原本依其过错程度被判决的赔偿金额的50%。

从表1可以发现,《新规解释》相较于《审计侵权的理解与适用》的变化并不大。例如,会计师事务所作为专业人士,不对非专业性的信息披露负责,仅承担限于其工作范围和专业领域的责任。同时对于外部证据所存在的瑕疵,《新规解释》采用"保持了必要的职业谨慎仍未发现",在上海金融法院一审、上海市高级人民法院二审的参考案例第119号中,法院即采用了更严苛的标准,认定瑞华会计师事务所需要对非专业信息保有"应有的关注和必要的数据复核"。这恰恰与前述《新规解释》第18条的理念是一致的,即需要深入审查审计过程中的底稿证据材料等,综合判断免责事由是否成立。

美国《证券法》的四种"勤勉尽责抗辩"包括:第一,专项文件中并非专业人士完成的文件内容,因此部分内容产生法律责任,在经过合理调查后,能够证明非专业人员所负责的内容是真实有效的,也没有对重要的事实有遗漏或隐瞒的情况,则可以免责。第二,专业人士负责完成的内容产生了法律责任,若进行合理调查之后,能够证明专业人士所负责撰写的内容是符合事实情况、没有隐瞒重要事实内容,则可以免责。第三,对于包含虚假陈述内容的专业人士的相关意见,其他非专业人员有理由不相信或确实不相信相关意见存在虚假陈述的情况,则可以免除责任。第四,如果专项报告中引用了社会公开的官方的文件的内容以及权威人士所作的陈述,若可以证明在专项报告生效时,他有理由相信内容是有效的,则可以免责。

四、未来司法实践中会计师事务所可能的归责逻辑

最高法在《理解与适用》中以举例的方式说明,实践中有的金融机构和上市公司串通,出具虚假的银行询证函回函、虚假银行回单、虚假银行对账单,欺骗注册会计师;一些上市公司的供应商和销售客户为上市公司财务造假提供虚假的交易合同、货物流转及应收应付凭证,成为财务造假的帮手。

笔者也经历过类似的上市公司实际控制人财务造假的案件,在案件中,实际控制人利用明知造假的金融机构、供应商、客户提供的材料,实施虚假陈述行为而给投资者带来了投资损失。就类似行为,作为审计机构的会计师事务所大概率是无法查明的。

笔者认为,《新规解释》之所以在第22条[①]进行明确规定,本意在于其认为类似行为下,如何区分会计师事务所的审计责任和财务造假相关人员的民事责任,应是值得法院重新审视的。这对会计师事务所而言尤为关键,在过往的司法裁判中却被一定程度忽略。现有司法裁判就会计师事务所的责任分摊还是趋向于考察未完全查明事实的酌定比例,而非在完全查明基本事实的基础上对实际造假的相关人员予以惩戒。将本不应由会计师事务所承担的民事赔偿责任落实到"首恶"身上,才是保障投资者权益的关键所在,也有利于证券市场的良性发展。

从《新规解释》第22条出发能够发现,就此类明知实施财务造假活动的行为,人民法院是给予原告投资者救济路径去向实际造假的相关人员进行追责的;笔者认为,同样的逻辑适用于会计师事务所剥离自身民事责任的抗辩思路,若会计师事务所能够通过刑事调查或证监会行政调查取得有利于免责的询问笔录等证据材料,则一定程度上可以借此起到初步举证证明存在非会计师事务所原因导致的财务造假行为的作用,从而将案件的重点真正落实到证券虚假陈述的特殊民事侵权赔偿上。

中小投服提出的大智慧诉讼案件,上海金融法院已将立信会计师事务所追加为第三人,案涉标的额超过人民币3.2亿元;同时通过公开途径检索,笔者发现在已有案例和潜在案件中,仍有大量案件存在将会计师事务所作为共同被告的可能。如何在证券虚假陈述案件中厘清会计师事务所的过错与责任的法律关系,是亟须证券市场看门人予以重视和投入精力进行风险预防的;如何在有效的资源范畴内最高效地区分和增加会计师事务所应关注的事项,同样是此次《新规解释》发布后市场重新对中介机构建立信心的工具之一。

综上,笔者期待在未来的司法实践过程中,能够严格地适用《新规解释》的各项原则,尽快确定会计师事务所等中介机构民事赔偿责任的规则,如此既能够促使会计师事务所规范执业,也不会对证券服务机构施加过于严苛的责任,使得整个行业发展不会受到负面的影响,进而从根本上保障广大投资者的权益。

---

① 《新规解释》第22条规定:"有证据证明发行人的供应商、客户,以及为发行人提供服务的金融机构等明知发行人实施财务造假活动,仍然为其提供相关交易合同、发票、存款证明等予以配合,或者故意隐瞒重要事实致使发行人的信息披露文件存在虚假陈述,原告起诉请求判令其与发行人等责任主体赔偿由此导致的损失的,人民法院应当予以支持。"

我国《期货和衍生品法》视域下期货公司退出机制初探[*]

——基于对德国期货监管制度的研究

傅福兴[**]　李伊凝[***]

摘　要：《期货和衍生品法》明确授权监管机构在符合条件的情况下有权撤销期货公司期货业务许可，为期货公司的强制退出提供了法律依据。我国监管单位向来注重政治功能的有效实现，金融稳定法发布在即，以监管行为促进期货公司有序稳定地退出尤为重要。本文以我国监管功能的实现为视角切入，在宏观层面从我国期货市场和期货公司的发展现状分析退出的充分性；在微观层面审视期货公司的潜在风险论述退出的必要性。在退出机制的构建方面，衔接金融稳定法的立法意图与具体措施，参考德国期货监管的经验，以"建制度、不干预、零容忍"的方针确定退出机制基本框架，为我国期货公司退出机制的构建提供参考。

关键词：强制退出　金融稳定法　监管系统　德国期货监管

近年来，我国期货市场风险管理功能越发凸显，在助力中小企业管理价格波动风险的过程中期货公司发挥了极为重要的作用。但是，规范度不足的期货公司带来的风险同样不容忽视，建立健全期货公司的退出规则势在必行。参考我国《中华人民共和国公司法》第180条关于公司解散原因的规定，①公司的市场退出包括主动退出和

* 本文仅代表作者个人观点，与所任职单位无关，不作为针对任何案件或问题的意见或建议，所列示的数据资料来源均为市场公开信息。

** 华泰期货金融产品部合规风控经理。

*** 慕尼黑大学法学博士研究生。

① 2018年《中华人民共和国公司法》第180条规定："公司因下列原因解散：（一）公司章程规定的营业期限届满或者公司章程规定的其他解散事由出现；（二）股东会或者股东大会决议解散；（三）因公司合并或者分立需要解散；（四）依法被吊销营业执照、责令关闭或者被撤销；（五）人民法院依照本法第一百八十二条的规定予以解散。"

强制退出两类。由于期货公司行政许可限制等原因,实践中主动退出存在诸多障碍。而强制退出虽已有案例,但相关配套规则仍待完善。

现实中,往往存在"以预防道德风险为由,主张破产清算"的呼声,但须知一家金融机构的退出,极有可能成为其他金融机构破产的导火索,由此引发系统性金融危机。在政策制定和执行的过程中,我们需要警惕迷失在短期的市场表现中去处理单一机构的退出问题,应谨记监管的长期目标是维护金融市场的稳定。据此,中国人民银行起草了《中华人民共和国金融稳定法(草案征求意见稿)》(以下简称《金融稳定法》),其强调提升系统性金融风险的防控能力,建立市场化法治化的风险处置机制。

2022 年 4 月 20 日,第十三届全国人大常委会第三十四次会议表决通过《中华人民共和国期货和衍生品法》(以下简称《期货和衍生品法》),该法将自 2022 年 8 月 1 日起正式施行。我国《期货和衍生品法》尤为关注防范化解系统性风险的问题,[①]并在第 76 条列举了应当办理期货相关业务许可证注销手续的数种情形,[②]但尚未制定更详尽的退出规则。鉴于《期货和衍生品法》的相关规定,本文将主要论述期货公司强制退出的情形,对其他退出方式暂不赘述。

在监管系统层面,中国证券监督管理委员会(以下简称证监会)党委在传达学习贯彻中央经济工作会议精神的会议中指出,做好资本市场工作要坚持"建制度、不干预、零容忍",开展证券期货监管系统政治功能大讨论,切实把践行"两个维护"落实在监管实践中。[③] 证监会在 2022 年系统工作会议中强调,全系统要坚持稳字当头,切实维护资本市场平稳健康发展。[④] 政治功能的实现具体可以体现为监管系统为保持社会大局稳定积极贡献力量。从监管系统政治功能的视角展开期货公司退出规则的构建,将直接指向提升期货市场高质量发展质效,激活期货市场发展动力和内生稳定机制。

---

① 孙铭蔚:《人大法工委王翔:期货法草案二审稿对衍生品交易有很大进步性》,载澎湃新闻网 2021 年 12 月 5 日,https://www.thepaper.cn/newsDetail_forward_15705546。

② 《期货和衍生品法》第 76 条规定:"期货经营机构有下列情形之一的,国务院期货监督管理机构应当依法办理相关业务许可证注销手续:(一)营业执照被依法吊销;(二)成立后无正当理由超过三个月未开始营业,或者开业后无正当理由停业连续三个月以上;(三)主动提出注销申请;(四)《中华人民共和国行政许可法》和国务院期货监督管理机构规定应当注销行政许可的其他情形。期货经营机构在注销相关业务许可证前,应当结清相关期货业务,并依法返还交易者的保证金和其他资产。"

③ 证监会:《中国证监会党委传达学习贯彻中央经济工作会议精神》,载中国证监会网 2021 年 12 月 13 日,http://www.csrc.gov.cn/csrc/c100028/c1617332/content.shtml。

④ 证监会:《中国证监会召开 2022 年系统工作会议》,载中国证监会网 2022 年 1 月 17 日,http://www.csrc.gov.cn/csrc/c106311/c1774378/content.shtml。

一、退出的充分性:我国期货公司发展现状

(一)期货公司收入状况

我国期货公司的主要业务包括经纪业务、投资咨询业务、资产管理业务和风险管理公司业务,其中作为主要收入来源的经纪业务和风险管理公司业务增长幅度较大(见表1)。

表1 2018~2021年我国期货公司主要业务收入情况 单位:亿元

业务收入	2018年	2019年	2020年	2021年
经纪业务	125.17	129.00	192.30	314.98
投资咨询业务	1.58	1.42	1.26	1.76
资产管理业务	8.00	7.73	8.97	12.14
风险管理公司业务	1132.46	1780.04	2083.50	2628.59
合计	1267.21	1918.19	2286.03	2957.47

数据来源:中国期货业协会。

同质化竞争严重是期货公司不可避免的问题,部分收入少利润低的期货公司只能通过不断削减后台人工成本勉强维持日常经营,同时降低内部合规标准以便开发业务。在业务类型的选择上,虽然风险管理业务已成为当前期货公司主要营业收入来源,但并非所有期货公司都具备相应的展业资格。截至2019年,仅有56%的期货公司能开展该项业务(见表2)。

表2 2017~2019年我国期货公司业务资格情况 单位:家

公司数量	2017年	2018年	2019年
期货公司数量	149	149	149
营业部数量	1673	1901	1903
具备资产管理业务资格数量	129	129	129
具备投资咨询业务资格数量	114	115	115
风险管理业务试点备案数量	70	79	84
风险管理子公司数量	70	79	86

数据来源:中国期货市场年鉴。

期货公司间的经营情况差距极大,选取2021年分类评级为AA级的17家公司的财务数据进行分析,会发现约1/10的“头部公司”占期货行业总收入的比例已经超过四成(见表3)。

表3 我国2021年分类评级为AA级期货公司2020年收入情况

序号	公司名称	2020年业务收入/亿元	占2020年期货公司总收入的比例/%
1	永安期货	254.69	11.14
2	南华期货	99.15	4.34
3	东证期货	95.84	4.19
4	中信期货	80.90	3.54
5	银河期货	72.29	3.16
6	五矿期货	70.58	3.09
7	国泰君安期货	68.91	3.01
8	海通期货	60.59	2.65
9	浙商期货	60.17	2.63
10	广发期货	24.74	1.08
11	申银万国期货	24.09	1.05
12	华泰期货	22.32	0.98
13	中粮期货	21.93	0.96
14	国投安信期货	17.50	0.77
15	瑞达期货	13.42	0.59
16	方正中期期货	7.04	0.31
17	光大期货	3.67	0.16
合计		997.83	43.65

数据来源:wind。

考虑到《期货公司风险管理公司业务试点指引》备案的最低要求为B类BB级,[①]因此再随机选取5家BB级的期货公司经营数据进行比较。仅就其收入所占市场份额的数据来看,经营情况并不理想(见表4)。

① 《期货公司风险管理公司业务试点指引》第10条规定:“风险管理公司备案开展风险管理服务业务应当符合以下条件:(一)期货公司分类评级不低于B类BB级……”

表 4　2020 年我国部分 BB 级期货公司收入情况

序号	公司名称	2020 年业务收入/亿元	占 2020 年期货公司总收入的比例/%
1	长安期货	2.316136	0.10
2	宁证期货	1.578034	0.07
3	中投天琪期货	1.017587	0.04
4	福能期货	0.908928	0.04
5	中航期货	0.501453	0.02

数据来源:wind。

(二)期货公司数量情况

近 20 年来,期货公司的数量呈下降趋势,于 2016 年减至 149 家后持续至 2020 年(见图 1)。

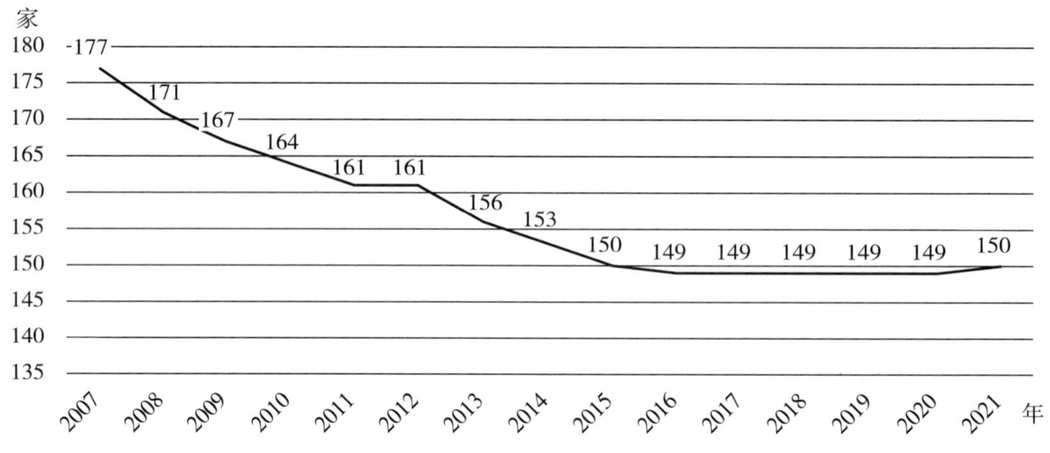

图 1　我国期货公司数量

数据来源:wind。

自 2008 年中银期货设立后,我国未再批复新设立的期货公司,业外多以收购再变更公司名称的方式进入期货行业,部分公司得以先占牌照的优势继续存在。

但是,证监会在 2020 年 12 月 2 日批复核准设立山东港信期货有限公司,上市公司粤电力又在 2021 年 8 月发布公告称将成立粤财期货,这意味着新设期货公司许可牌照开启发放,原先固有的格局将被加速打破。

二、退出的必要性:我国期货公司的潜在风险

2007 年 4 月,证监会发布《期货公司风险监管指标管理试行办法》,正式对期货公司实行以净资本为核心的风险控制指标体系,将期货公司的业务规模与净资本挂钩。在实际业务的开展中,净资本可在相当程度上体现出一家期货公司管理风险的能力。净资本不足的公司非但无法有效发挥期货管理风险的作用,反而可能带来风险,甚至可以说其本身就是风险制造者。

据统计,2019 年净资本总额超过 10 亿元的期货公司仅不足 15%(见表 5),表明在净资本方面我国大部分期货公司仍存在明显缺陷。近年来,有期货公司连“净资本不得低于人民币 3000 万元”的最低指标都无法满足,[①]“负债/净资产”风险监管指标不符合监管标准的情况也并不罕见。[②]

表 5　2018 ~ 2019 年我国期货公司净资本情况

项目	2018 年		2019 年	
净资本总额	公司数量/家	占比/%	公司数量/家	占比/%
超过 10 亿元	21	14.09	22	14.77
5 亿 ~ 10 亿元	26	17.45	22	14.77
2 亿 ~ 5 亿元	63	42.28	63	42.28
2 亿元及以下	39	26.17	42	28.19
合计	149	—	149	—

数据来源:中国期货市场年鉴。

(一)资产管理业务的风险

资产管理业务在期货公司总体业务收入中的占比不足 5%,但却是明面上的风险高发区。2018 年以来,已有多家期货公司的资产管理计划出现到期无法兑付的情况,涉及金额均在数亿元以上,对社会稳定性影响极大。

如在 2018 年 8 月,华龙期货募集规模总计达 3.24 亿元的“华龙期货——金惠 21

---

① 上海证监局:《关于对上海东方期货经纪有限责任公司采取责令改正监管措施的决定》,载上海证监局网 2021 年 12 月 28 日,http://www.csrc.gov.cn/shanghai/c103864/c1712338/content.shtml。

② 深圳证监局:《关于对前海期货有限公司采取责令改正并暂停期货经纪业务新开户监督管理措施的决定》,载深圳证监局网 2021 年 8 月 3 日,http://www.csrc.gov.cn/shenzhen/c104320/c1591316/content.shtml。

号"一年期资产管理计划不能如期兑付,该资管计划投向为认购陕西省国际信托股份有限公司设立的集合资金信托计划,其底层是向上海富控互动娱乐股份有限公司分期发放信托贷款。① 但早在2017年上海富控就存在财务风险,而后上海富控及其保证人因涉及多起诉讼,被多家法院裁定保全财产、冻结账户。此外,华龙期货也以2300万元自有资金投资了该资管计划,同样面临投资无法按期收回的困境。又有新纪元期货在2018年10月涉及金额7.732亿元的资管计划不能兑付,以至于出现期货公司向第三方代销机构及交易者提供《承诺函》保证本金及收益的违规情况。②

再有2019年下半年,多家期货公司投向贵州独山县政府债的资管计划均出现到期无法兑付的情况。③ 迈科期货、海航期货和中航期货等公司均有产品投向贵州独山县,其中迈科瑞茂和迈科瑞林产品规模分别为4亿元和2.9亿元,海航润辉规模为1.09亿元,中航荣信募集规模为5亿元,4只产品合计规模约13亿元。同时,笔者还注意到相关资管计划设立时的投资经理多已离职,且后续仍存在投资经理变动频繁,以及行政、业务等人员转任职挂名投资经理的情况,期货公司管理不规范的现象显而易见。

这类期货公司大多只在形式上满足开展资产管理业务的条件,其公司和投资经理并无实际履职经验,胜任能力更无任何保证。此类公司一般借以资产管理业务牌照募集资金的合法性开展通道业务,通过在名义上收取管理费而获得收益。实际上,其本身既无管理能力,更缺乏对交易项目进行尽职调查的意愿。例如,新纪元期货就因在开展资产管理计划的尽职调查过程中,未能恪守职责、谨慎勤勉,存在未实地调研,多份尽调报告内容雷同等情况被责令改正。④

再以独山县政府债兑付风险事件为例,独山县统计局公开的《2021年1~12月主要经济指标运行情况》表明,其全县财政总收入仅为7.84亿元(不含出口退税),⑤偿还债务显然不易。但凡内控合规管理严格、尽职调查到位的公司,都应有充分的理由

① 华龙期货:《关于华龙期货-金惠21号(系列)资产管理计划兑付进展情况的风险提示公告》,载全国中小企业股份转让系统网2018年8月27日,http://www.neeq.com.cn/disclosure/2018/2018-08-27/1535357688_535048.pdf。

② 江苏证监局:《关于对新纪元期货股份有限公司采取出具警示函措施的决定》(〔2019〕28号),载江苏证监局网2019年3月21日,http://www.csrc.gov.cn/jiangsu/c103899/c1413664/content.shtml。

③ 惠凯:《债务风暴席卷黔南州 独山县逾期资管产品或达10亿元》,载证券市场红周刊网2019年6月17日,http://static.hongzhoukan.com/19/0617/zhangjing092832.html。

④ 江苏证监局:《江苏证监局关于对新纪元期货股份有限公司采取责令改正监督管理措施的决定》(〔2020〕117号),载江苏证监局网2020年12月15日,http://www.csrc.gov.cn/jiangsu/c103903/c1404744/content.shtml。

⑤ 独山县统计局:《2021年1~12月主要经济指标运行情况》,载独山县人民政府网2022年1月28日,http://www.dushan.gov.cn/zwgk/zfsj/tjsj/tjsj/202201/t20220128_75699542.html。

对此类项目保有足够的警惕。

在实践中，一旦市场有所波动，或监管政策收紧禁止刚性兑付，期货公司这类资产管理计划到期无法兑付将成为常态。而且，这类资管计划实际穿透后的交易者往往多达数百人，合格投资者的准入更无从保证。适当性问题一向为监管单位所关注，《私募投资基金监督管理暂行办法》及《关于规范金融机构资产管理业务的指导意见》均要求私募基金的合格交易者是投资于单只私募基金的金额不低于100万元且符合相应标准的单位和个人。但在这类期货公司的资产管理计划中，交易者的投资款很可能由十数名自然人集资为一人代持，如迈科期货就曾出现个别资管计划客户起始委托资产低于100万元人民币的情况。[①] 监管机构在现场检查中发现，甚至有第三方代销机构将数名交易者登记为同一个通讯地址和联系方式，但小型期货公司为了业务发展也会选择性地忽视这类问题。据了解，江浙一带将回迁款投资于此类高收益资管计划的情况较普遍。这类客户年龄高、情绪波动大，实际风险承受能力低，易产生群体性事件，处置不当将直接影响社会稳定。

（二）内部控制失效的风险

据统计，2021年度期货公司合计收到56份监管措施函件，共涉及30家期货公司，[②]其中因"风险管理及内控不规范"问题而被采取监管措施的达65%。内部控制不但要求有形式上的内部规范制度，而且依赖公司后台合规风控人员来实现。除了上述提及的投资经理变动频繁及胜任能力不足的问题外，合规部人员任现职时长直接关系到其对业务的熟悉度，也是影响公司内控水平的关键因素。根据公开信息可以发现，不同期货公司对合规人员资源的倾斜程度存在较大差异（见表6）。

表6　我国部分期货公司合规部人员任职情况

序号	期货公司名称	合规部人数	任现职平均时长（交易日天数）	部门负责人任现职时长（交易日天数）
1	A期货公司	10	582	1083
2	B期货公司	6	442	555
3	C期货公司	3	202	65

数据来源：中国期货业协会。
注：统计数据日期截至2022年2月28日。

① 陕西证监局：《关于对迈科期货股份有限公司采取责令改正措施的决定》（陕证监措施字〔2019〕16号），载陕西证监局网2019年7月8日，http://www.csrc.gov.cn/shaanxi/c104621/c1143654/content.shtml。

② 周晓雅：《30家期货公司去年领56份罚单》，载财联社网2022年1月12日，https://www.cls.cn/detail/913915。

期货公司对合规的重视程度将直接体现在其合规管理的实践中,有些公司可能缺乏足够的人员和能力开展反洗钱等合规工作。如 C 期货公司未按照规定履行客户身份识别义务,中国人民银行深圳市中心支行曾对其处以人民币 50 万元的罚款,并对其首席风险官处以人民币 3.5 万元的罚款。[①] 对于一家规模不大的期货公司而言,罚款数额已经不算低了。

显然,小型期货公司以业务发展为导向,合规意识不足以及相关人员胜任能力缺失的现象是不可避免的。如前文所述,部分期货公司还存在违规使用自有资金的情形,甚至核心风险监控指标净资本的计算都出现过重大差错,[②]业务违规现象屡发。[③]而且,有的期货公司的后台部门人员离职率长期居高不下,这类现象已经不能用正常的市场人员流动以解释。事实证明,小型期货公司难以遵守审慎经营原则,仅凭监管警示措施显然无法遏制该类公司合规风控缺失的乱象。

(三)资源配置低效的风险

2020 年 12 月,国务院国有资产监督管理委员会党委委员、秘书长彭华岗在公开讲话中强调,国有企业要在提升实体经济发展水平、防止经济脱实向虚上发挥主力军作用。[④] 但就当前情况而言,央企设立金融控股公司的情况已不在少数,诸如五矿资本、中航资本、华能资本、英大国际、华电资本、中广核资本均是央企金融控股公司,“脱实向虚”似乎成为既定事实。一般观点认为,金融板块业务能够高效地创造收益。通过选取部分央企期货公司的经营数据进行分析,可以发现并非所有的央企在期货行业的布局都能取得良好的表现(见表 7)。

---

① 中国人民银行深圳市中心支行:《行政处罚公示表(2020 年第 4 期)》,载中国人民银行深圳市中心支行网 2022 年 3 月 6 日,http://shenzhen.pbc.gov.cn/shenzhen/122811/122833/122840/3985039/index.html。

② 华龙期货:《关于公司及相关责任主体收到中国证券监督管理委员会甘肃监管局行政监管措施决定书的公告》,载全国中小企业股份转让系统网 2019 年 8 月 2 日,http://www.neeq.com.cn/disclosure/announcement.html。

③ 甘肃证监局:《关于对华龙期货股份有限公司采取责令改正监管措施的决定》(甘证监行政监管措施决定书〔2021〕11 号),载甘肃证监局网 2021 年 12 月 13 日,http://www.csrc.gov.cn/gansu/c104586/c1618162/content.shtml。

④ 上海证券报:《国资委秘书长彭华岗:国有企业将坚定不移聚焦实体经济》,载中国证券网 2020 年 12 月 13 日,https://news.cnstock.com/news,bwkx-202012-4630251.htm。

表 7　部分央企期货公司的经营情况对比

序号	期货公司名称	2020 年营业收入/万元	2020 年净利润/万元	员工人数	人均净利润/万元	人均营收/万元
1	A 期货公司	722, 913. 68	36, 100. 00	693	52. 09235	1043. 165
2	C 期货公司	5, 014. 53	2, 058. 69	103	19. 98728	48. 685
3	D 期货公司	716, 614. 51	7, 049. 72	106	66. 50678	6760. 514
4	E 期货公司	705, 793. 76	13, 046. 55	369	35. 35651	1912. 720
5	F 期货公司	346, 073. 00	21, 306. 00	160	133. 16250	2162. 956

数据来源：wind，中国期货业协会。

人均营业收入可以直观地展现员工个体对公司的贡献，而在财务层面，人均净利润可以作为人均效能分析的主要衡量指标，能够反映企业的经营绩效。[①] 在此，以人均净利润和人均营收作为标准，衡量央企期货公司的运作效率。显然，不同央企期货公司的人均效率差异巨大，甚至有公司人均净利润不足 20 万元，人均营收不足 50 万元。

此外，还发现存在期货公司净利润率远高于行业平均水平的情况。在实践中，净利润率异常高的原因大致可分为两种：一为投资收益高；二为营业外收支净额高，如政府补贴、资产处理、债务重组利得等。通过中国期货业协会的公示信息可以发现，该期货公司存在数亿元的次级债，均为上级股东单位提供，这类借款利息一般远低于市场商业贷款利率。据此可以推断，该公司在营业收入较低的情况下，可能通过借贷低息债务进行套利，导致净利润率异常的情况出现。套利行为并不违规，但其上级单位本可更有效地利用资金，却以此种模式维持期货公司的"持续经营"，显然称不上是高效的资源配置。经验证，该期货公司在次年财报中显示的净利润大幅下降，表明这类模式并不具可持续性。

三、期货公司退出机制构建

回顾过往 20 年，期货公司并未建立完善的市场退出机制，以行政命令主导强制退出的行为也往往缺乏系统性和连续性。既往退出机制未建立的主要原因有二：一

① 参见杨晓敏：《寿险业智力资本与经营绩效关系的实证分析》，载《统计与决策》2018 年第 24 期。

是我国期货市场尚在初步发展阶段,个体间经营情况差距不大,且行政许可管制导致“壳资源”稀缺;二是期货公司影响面小,退出机制的缺陷尚不会产生过大的风险。根据前文对我国期货市场和期货公司的分析,可知当前期货市场的形势与条件均已发生极大的变化,搭建期货公司退出机制是充分且必要的。

期货公司退出机制的法律依据是《期货和衍生品法》中“期货经营机构应当符合持续性经营规则”的规定。构建期货公司退出规则既要考虑“持续性经营”这一经济市场要件,更要发挥监管系统的政治功能,做到“两个维护”,注重金融秩序和社会的稳定性。由于期货公司往往涉及较大的资金量和客户群体,关停或取缔一家期货公司必然会对辖区及全国的期货市场产生冲击。刘鹤副总理明确提出,资本市场需要坚持“建制度、不干预、零容忍”的方针。[①] 完善退出机制及其配套的风险防范体系,需要加强“事前控制”,适度“事中调整”,重视“事后处理”。衔接《金融稳定法》的相关规定,同样也要求区分出风险防范、风险化解和风险处置三个阶段。

国际经验方面,德国期货市场的相关制度可以参考。首先,虽然德国证券市场最早可以追溯到 1558 年,然而直至 1990 年德国第一所期货交易所——德意志交易所才正式开始运营。但是经过近 30 多年的发展,1998 年由德意志交易所与瑞士期权和金融期货交易所合并形成的位于德国法兰克福的欧洲期货交易所(Eurex)已成为全球最大的期货交易所之一。其次,德国一直以来都采取混业监管的模式,联邦层面,无论是证券还是期货都由 BaFin(Bundesanstalt für Finanzdienstleistungsaufsicht 联邦金融监管局)负责监管。[②] 最后,在法律法规方面,德国也没有专门调整期货交易法律关系的期货法,主要适用 Börsengesetz(《证券交易所法》)、Wertpapiererhandelsgesetz(《证券交易法》)、Gesetz über die Bundesanstalt für Finanzdienstleistungsaufsicht(《金融服务监管法》)、Börsenzulassungsverordnung(《交易许可准则》)等。除此之外,还有德国各州的规定以及各期货交易所自己制定的交易规则。

(一)事前控制“建制度”

1. 设定期货公司退出的必要条件,授权监管部门实施强制退出

建立健全期货公司退出机制应当是为辖区监管机构提供有效的保障支持,避免部分期货公司以存在风险的资产管理计划未处置完毕为由,长期阻碍监管行为。此

---

① 刘鹤:《必须实现高质量发展(学习贯彻党的十九届六中全会精神)》,载人民网 2021 年 11 月 24 日,http://cpc.people.com.cn/n1/2021/1124/c64094-32290259.html。

② 宋凌峰、郭亚琳:《德国地方性资本市场发展模式及借鉴》,载《证券市场导报》2015 年第 8 期。

外,关停这类期货公司若能实现减少交易者信访投诉等行为的目的,将有效地减轻辖区监管单位的负担。因此,在监管机构层面的基本指向是明确严控风险的底线思维,提高期货监管的效率与效果,推进期货监管辖区责任制的贯彻落实。

2019 年 11 月,证监会发布公告撤销华信证券全部业务许可,并委托国浩律师事务所成立行政清理组,对其进行行政清理,清理期间,由国泰君安对华信证券经纪等涉及客户的业务进行托管。[①] 鉴于证券业管理的成熟度高于期货业,期货公司的强制退出可采用此类处置操作。目前,《期货和衍生品法》在第 73 条、第 74 条分别规定了"国务院期货监督管理机构有权撤销其部分或者全部期货业务许可、关闭其部分或者全部分支机构"及"国务院期货监督管理机构可以对该期货经营机构采取责令停业整顿、指定其他机构托管或者接管等监督管理措施"。

小型期货公司在实际的管理经营过程中,常常无法正视自身发展需求和经济实力。[②] 一方面,盲目拓展业务,实际经营模式却无法转型;另一方面,公司内部的财务风险监督与管控日趋弱化,财务及合规风控管理人员的胜任能力也无法保证,以至连净资本等风险监控指标计算都常出错。《期货和衍生品法》虽已有授权依据和惩戒措施,但对退出条件仍较宽泛地规定"不符合持续性经营规则或者出现经营风险"等定性标准,在实践操作中可能难以衡量。因此,可以在《期货和衍生品法》等配套细则中分别列示期货公司退出的定性条件和定量条件。在定性方面,可涵盖法人治理结构缺陷、内部风险控制失效、舆情风险失控、资金流动性风险扩大等;在定量方面,可在监管报表的净资本等核心指标外,关注公司净利润、营业收入、资产负债率等财务运营指标,限制财务状况不佳的期货公司盲目扩张。

2. 构建多层次的期货公司经营体系,提高经营人员的资质

小型期货公司的人员及资源配置通常不具备实质开展资产管理业务的能力,仅能勉强满足现行《证券期货经营机构私募资产管理业务管理办法》的形式要求,其实际可能是利用资产管理业务的资质开展通道业务。因此,提高期货公司资产管理业务的准入条件,尽早尽快清退不符合该项业务条件的公司,有助于达到扶优限劣、突出行业特色的目的。

就此,可以依据业务类型单独设定准入门槛,单独发放牌照,逐步形成以传统经

---

① 证监会:《中国证券监督管理委员会公告〔2019〕23 号》,载中国证监会网 2019 年 11 月 14 日,http://www.csrc.gov.cn/csrc/c101838/c1489205/content.shtml。

② 参见满红:《期货公司的财务风险防范策略》,载《中国商贸》2018 年第 23 期。

纪期货公司、资产管理类期货公司、投资咨询类期货公司、综合类期货公司等为主体的市场结构。这样既可以在事前控制风险,又可在发生风险时依次吊销单项牌照,实现公司单项业务撤销或关闭公司等多层次的监管措施,有效减少期货公司市场退出的阻力。

同时,不应将目光局限于设立"期货公司"应当满足的基本条件,[①]还可以关注期货公司中董事、监事以及高级管理人员的任职资格。德国在《证券交易法》(Wertpapierhandelsgesetz)以及MarktAngV市场准入监管规则(Marktzugangsangabenverordnung)中规定了设立期货公司的条件,特别是对期货公司董事、监事以及高级管理人员任职资格以及公司运营计划的要求更具体和详细。这种事前控制的手段不仅对公司正常运行与发展大有裨益,而且对于公司有序退出,降低交易者损失也有所帮助。MarktAngV市场准入监管规则第3条还规定,期货公司董事、监事以及高级管理人员还应提交自己的简历,简历中必须包括其以前工作过的企业的名称以及工作性质的说明。德国法在对"公司治理结构"、"风险管理制度"以及"内部控制制度方面"[②]的说明方面细化到:第一,每个业务领域和理事机构的职责范围,特别是管理层、监事会、招生办公室、交易监督部门、纪律委员会或类似机构;第二,提供有关每个业务领域和机构的人力资源信息;第三,说明与证券交易所运营相关的关键职能和活动是否外包给第三方,如果外包给第三方还需要说明外包方的内部控制制度;第四,为避免和管理交易参与者的利益冲突而采取的安排和组织措施的细节;第五,对内部交易监控流程的说明,特别是定价流程的说明;第六,对未经授权交易的保护措施以及识别和纠正错误交易方法的解释。

事实上,我国期货业协会也认为《期货公司资产管理业务管理规则(试行)》中的部分条款已经不再满足最新的监管要求,机构展业资质以及备案要求应根据情况进行调整。2021年11月26日,期货业协会发布《期货经营机构资产管理业务备案管理规则》(以下简称《备案规则》),将以期货公司单设部门形式开展业务的分类监管评级条件提升为B类BB级,进一步提高和明确了开展资产管理业务的岗位和人员要求,并新增暂停开展新的资产管理业务和撤销业务登记的情形,意在逐步建立合理的退出机制。《备案规则》起草过程中曾将投资经理人数要求定为5人,虽最后定稿为

---

① 参见《期货和衍生品法》第60条的规定。

② 《期货和衍生品法》第60条第1款第5项规定:"有良好的公司治理结构、健全的风险管理制度和完善的内部控制制度。"

3人，但提高专业人员数量及质量配置的趋势显而易见。此外，诸如合规、财务等后台重要部门的负责人，将直接影响公司日常的运营管理，亦当对此类公司的中层管理人员规定相应标准。

《期货和衍生品法》中对董事、监事、高级管理人员的任职资格方面也有相应表述，强调董事、监事、高级管理人员须具有“履行职责所需的经营管理能力”，虽较笼统，但不宜理解为对董事、监事、高级管理人员任职资格没有约束。当期货市场发展到一定规模时，对该条款细化处理，规范公司各级人员的任职条件可能更符合“金融强监管”的趋势。

3. 适时下放市场监管权

我国目前的监管模式中交易所并无太多的权限，位于期货交易一线的交易所即使能够发现期货公司的经营问题，也很难及时对其进行指导和管控。证监会虽然可以对期货公司采取强制性措施，但由于管理层级及事务繁多等，采取的措施往往具有滞后性。既往的实践表明，部分中小金融机构公司治理失效、经营模式粗放以及部分股东和实际控制人滥用控制权、违法违规占用金融机构资金，是导致金融风险发生的重要原因，各层级的监管权限亟须进一步落实。就此，我国《金融稳定法》亦将“压实各方金融风险防范化解和处置责任”作为重点内容。

为解决基层监管的问题，德国采取了将市场监管权下放的方法。根据德国《证券交易所法》（Börsengesetz，以下简称 BörsG）第3条的规定，德国联邦金融监管局负责监管交易所，有权发布指令以维持证券交易所的秩序和业务交易，而且可以命令暂停或停止一种或多种金融工具、权利或资产的证券交易所交易。① 根据德国联邦金融监管局（BaFin）的说明②以及德国《金融事业法》（KWG）第1条③的规定，金融工具显然包括期货及其衍生品。每个证券交易所可以提供三个交易市场：官方市场、受管制市场以及自由交易市场。④ 法律法规的监管规定几乎只针对受管制市场。根据

① § 3 Abs. 5 Nr. 1 BörsG “die Aussetzung oder Einstellung des Börsenhandels mit einzelnen oder mehreren Finanzinstrumenten, Rechten oder Wirtschaftsgütern anordnen”.

② BaFin, *Finanzinstrumente im Sinne der MAR*, https://www.bafin.de/dok/13482800.

③ § 1 Abs. 1a (...) Finanzdienstleistungen sind (...) der Betrieb eines multilateralen Systems, bei dem es sich nicht um einen organisierten Markt oder ein multilaterales Handelssystem handelt und das die Interessen einer Vielzahl Dritter am Kauf und Verkauf von Schuldverschreibungen, strukturierten Finanzprodukten, Emissionszertifikaten oder Derivaten innerhalb des Systems auf eine Weise zusammenführt, die zu einem Vertrag über den Kauf dieser Finanzinstrumente führt (Betrieb eines organisierten Handelssystems), (...).

④ 参见上海期货交易所“境外期货法制研究”课题组编：《德国期货市场法律规范研究》，中国金融出版社2007版，第2页。

德国《证券交易法》(Wertpapiererhandelsgesetz)第 6 条的规定,德国联邦金融监管局(BaFin)有权暂停或限制在受监管的市场上进行交易的准入许可。但是在德国《证券交易法》(Wertpapiererhandelsgesetz)中关于何时可以暂停或限制该准入许可规定得较抽象,不具有实践意义上的参考意义。总体来看,虽然德国联邦以及州层面都有出台相关的法律法规,但是大多只有监管性质,真正对德国期货市场起到规制作用的实际上是各个期货交易所制定的交易规则。[①] 因此,德国政府实际上是将行政审批的权限下放各个交易所。换而言之,期货公司进入期货交易市场的准入许可实际上由各个交易所自己控制。鉴于欧洲期货交易所是目前德国乃至全球最大的期货交易所,[②] 了解和分析欧洲期货交易所的期货公司准入及退出规则有一定意义。

欧洲期货交易所采用的是会员制的架构,在交易所交易的前提是成为该交易所的会员。但是,欧洲期货交易所对于会员准入资格的要求并不复杂,根据《欧洲期货交易所交易规则》(Börsenordnung)[③]第 26 条的规定,交易所参与者以及会员要:第一,以商业方式进行衍生品交易。第二,申请人提供在其国籍地受到银行或交易所监管的证明。第三,最低股本资本为 5 万欧元,除非申请人是银行或受欧洲金融工具市场指令(MiFID Ⅱ)监管。第四,至少有一名交易参与者获得准入并注册(交易者准入)。第五,至少注册一名合格后台人员。第六,参与结算流程,可以通过全面结算会员 GCM(General Clearing Member)或直接结算会员 DCM(Direct Clearing Member)间接参与,也可以 GCM 或 DCM 的身份直接参与。如果公司为 100% 关联方,则 DCM 可以充当交易所参与者的代理人。第七,符合连接 Eurex ® 系统的强制性技术要求(替代性连接)。[④] 希望直接参与结算的交易所会员还需要额外通过欧洲期货交易所结算公司申请结算许可证。没有结算许可证的交易所参与者是欧洲期货交易所结算公司的 DC 市场参与者。欧洲期货交易所结算公司(Eurex Clearing AG)的交易对手只能为 GCM 或 DCM,GCM 可以结算自己的交易,也可以为其客户及缺乏结算资格的 DC 市场参与者的交易所会员 NCM(Non-Clearing Member)进行结算。而

---

① 参见刘晓农、王晓娣:《发达国家期货法律制度及其对中国期货立法的启示》,载《江西社会科学》2010 年第 1 期。

② 参见上海期货交易所"境外期货法制研究"课题组编:《德国期货市场法律规范研究》,中国金融出版社 2007 版,第 2 页。

③ Eurex 01, Stand 01.01.2022, https://www.eurex.com/ex-de/eurex-rege/werke/01.-B_rsenordnung-38246.

④ Eurex: *Zulassungsanforderungen*, https://www.eurex.com/ex-de/handel/boersenmitgliedschaft/non-clearing-mitgliedschaft/Zulassungsanforderungen-14758.

DCM 有权结算自己的交易以及其 100% 关联公司交易所参与者的交易。[①]

由于交易所在期货交易中实际上起到了“行政机关”的角色，为避免交易所假公济私，BörsG 对交易所设定的许可和监管规则也相对复杂。例如，BörsG 第 4 条规定证券交易所的设立需要证券交易所监管机构 BaFin 的书面许可。而且许可申请必须以书面形式向证券交易所监管机构提出。这份许可申请需要包括：可以满足自身业务需求的资金状况证明；交易所运营商的董事、总经理和行政或监督机构成员的姓名；商业计划书；显示计划交易的性质和交易所运营商的组织结构和计划的内部控制程序；交易所的规章制度；关于交易所运营商所有权结构的信息，特别重大持股的所有者及其持股规模；评估重大资产持有人的诚信所必需的信息；如果重大控股的所有者是法人或商业合伙企业，还需要提交对评估其法定或法定代表或个人责任合伙人可靠性的重要信息的说明。特别需要强调的是，如果没有提供证券交易所业务所需资金的证明或者交易所运营商的董事、总经理和行政或监督机构成员不符合法律的要求，或者可以证明重大资产持有人、法定代表、合伙人不可靠或对公司利益有害等情况出现时，许可将被拒绝。而且许可证取得后，如果交易所自颁发之日起一年内未使用该许可证，那么许可证自动失效。BaFin 也可以主动撤销许可证，如果许可证所涉及的证券交易所业务已超过 6 个月未进行，或是可以证明存在拒绝许可的事实等。此外，BaFin 还可以根据具体情况对许可申请另加条件，只要是确保满足许可证条件所必需的。

（二）事中调整“不干预”

1. 减少干预

期货公司的退出同样需要敬畏市场，尊重规律、遵循规律。除了强制退出外，部分期货公司也需要多层次的退出路径。对于财务状况不佳或内控存在瑕疵的公司，可在加强风险监控的情况下，引导其寻求市场化并购或更换管理人员；对于存在严重违规或重大风险的公司，由监管单位立案调查，并决定是否撤销许可或关闭公司；对于资不抵债的公司，由债权人、债务人依法申请破产，按照破产清算程序退出。亦可衔接金融稳定法中市场化的风险处置机制，对被处置机构依法实施股权、债权减记和债转股，分摊处置成本。

我国现行以净资本为核心的监管报表体系可以在相当程度上对期货公司产生预

① Part 1, Chapter I of the Clearing Conditions of Eurex Clearing AG: General Provisions, as of 01. 03. 2022, https://www.eurex.com/ex-de/handel/boersenmitgliedschaft/non-clearing-mitgliedschaft/Zulassungsanforderungen - 14758.

警作用,但其主要在于发挥行政监控的作用,对财务经营的风险关注度可以进一步提高。在市场经营管理层面,可以通过设计衡量财务风险的指标,预警公司可能因日常经营管理不善而引发的财务风险。

2. 设置注销许可缓冲期

除此之外,可以通过设置注销许可缓冲期,为期货公司的自我完善创造空间。以《欧洲期货交易所交易规则》为例,其第40条规定,有以下情况发生时,期货交易许可可以被暂停或不再允许以期货方式交易:

第一,存在合理怀疑或者确信,期货公司获得交易许可所要求的前提从未存在或已经消失,那么欧洲期货交易所的执行局(die Geschäftsführung der Eurex Deutschland)可以剥夺有关的交易者的交易资格,并暂停其交易许可。如果缺乏根据该规则第26条第3项规定的有序交易结算的保障,且结算不能有序进行,则不再允许其以期货方式交易。上述交易规则第26条第3项规定:第27条至第30条是有序交易结算的保障。总的来说,期货交易的结算,需由Eurex Clearing AG担保;且期货公司必须提供Eurex Clearing AG的确认证据。期货公司应当至少有一名交易参与者获得准入并注册(交易者准入),至少注册一名合格后台人员。期货公司能够以符合结算程序的方式参与结算流程。

第二,期货公司扰乱有序的交易程序,违反现有的规定或不遵循欧洲期货交易所执行局的指令的,该期货公司会被禁止从事期货交易,其交易许可会被暂停。

第三,在根据收费表确定的延迟支付费用期间,交易许可可以被暂停。

第四,如果以监控禁止内幕交易或禁止操纵股票和市场价格为目的的、与当地主管部门的信息交换无法保证时,欧洲期货交易所执行局可以暂停或吊销其登记点是欧盟成员国或是与欧盟经济区签订协议的国家的会员的交易许可。

暂停交易许可并不意味着期货公司无法重回期货市场,暂停交易许可最长可持续6个月,如果6个月之后暂停交易许可的原因仍然存在的,根据《欧洲期货交易所交易规则》第47条的规定,欧洲期货交易所的执行局才可以完全注销其交易许可。

这种暂停交易许可的措施在一定程度上而言可以保护交易市场的稳定,并且通过辅助督促期货公司解决自身问题,从而促进期货市场繁荣有序发展。实践中我国也有类似的举措,[①]《期货和衍生品法》第73条第1款第1项对于暂停交易许可方面

① 深圳证监局:《关于对前海期货有限公司采取责令改正并暂停期货经纪业务新开户监督管理措施的决定》,载深圳证监局网2021年8月3日,http://www.csrc.gov.cn/shenzhen/c104320/c1591817/content.shtml。

也有明文规定,但尚缺乏实施的具体细节,能够起到的实际效果有待进一步考量。

3. 注重通过结算程序对期货公司实施动态监管

从期货市场发展的历史角度来看,世界上第一所期货交易所芝加哥期货交易所最初通过会员资格的授予与剥夺来调控交易市场的信用风险。然而,这种方式可能仅对经营状况尚可的期货公司略有作用。对于面临经营危机,甚至即将破产的企业而言,是否拥有会员资格,是否能继续在期货市场交易并不是最关键的问题。仅仅通过"会员"资格不能真正对期货公司起到约束作用。因此,为保证期货交易的顺利进行,发展出了独立于交易所的结算机构。[①] 以 Eurex Clearing AG 为例,其所有的结算会员、结算代理人、基本结算会员都有义务确保在每一个工作日处理结算相关的工作。[②] 根据结算会员的分类,Eurex Clearing AG 会为所有的结算会员确定一个或多个信用风险阈值(Credit Risk Thresholds)。Eurex Clearing AG 不仅会定期审查每个会员的信用风险阈值,而且还会在必要时进行临时抽检。如果结算会员违反当时适用的信用风险阈值,Eurex Clearing AG 有权采取以下缓解措施:可以根据情况,要求结算会员在合理期限内降低相关风险敞口并减少必要的金额以补救有关的违反行为。如果结算会员没有在合理期限内采取上述补救行为,那么 Eurex Clearing AG 有权要求该结算会员提供补充保证金。[③] 结算机构通过对日常结算事务的把控更容易了解期货公司的经营情况,保障交易安全。

(三)事后处理"零容忍"

1. 对违法违规行为强化责任追究,提升高管合规意识

小型期货公司的合规意识与合规积极性通常极低,辖区监管单位监管资源有限,也无法面面俱到。如《期货经营机构资产管理业务备案管理规则》正式发布后,存在不符合期货资产管理业务的公司并未采取整改措施,依旧保留了相关的业务部门。其根本原因在于惩戒力度不足,对公司的监管措施与高管个人无直接的利害关系。

现有的违规惩罚机制主要集中于对公司的处罚,对公司高管的惩戒往往仅是警示函或数万元的罚款,并不足以引起管理层的重视。尤其是在非民营单位,仅对公司罚款更易使部分高管人员置身事外。公司法人作为法律拟制主体,本身并不具备独

① 肖成:《浅谈中央对手方清算机制对金融监管的重要性》,载《期货日报》2022 年 1 月 9 日。

② Part 1 § 1.2.6, Chapter I of the Clearing Conditions of Eurex Clearing AG: General Provisions, as of 01.03.2022, S. 20.

③ Chapter I Part 1 § 1.6.2, Chapter I of the Clearing Conditions of Eurex Clearing AG: General Provisions, as of 01.03.2022, S. 43.

立意识,其合规风控的建立与否,往往取决于公司"一把手"是业务导向还是合规导向。因此在法律责任方面,有必要同步落实个人责任制,提高相关人员的违规成本,诸如设置行业市场禁入、高额罚款等。

我国期货市场正处于高速发展的阶段,高风险与高收益并存的运行状态使部分期货公司心存侥幸,忽视期货公司违规开展业务可能给我国金融市场带来的风险。因此,对于经营管理不善或因违规而退出的期货公司高管和相关责任人员有必要予以严厉的处罚。金融稳定法亦特别强调对违法违规行为强化责任追究,明确对导致金融风险发生、蔓延的违法违规行为问责,依法追究法律责任,规定了金融机构及其主要股东、实际控制人在金融风险形成和处置中的违法违规行为及其相应处罚,构成犯罪的,依法追究刑事责任。

在我国目前的监管实践中,相比于证券市场人员的责任追究,法律法规对期货公司违规人员的惩戒力度远远不足,难以对其违规或经营不善的行为形成有效的制约。如果仅从公司法人层面来构建期货公司的退出机制,将存在极大的道德风险,实际控制公司的高管人员可能会肆无忌惮地利用违规行为牟利,导致期货市场整体风险不可控,从而造成期货公司退出机制失效的问题。行政监管从法益保护的层面出发,所维护的是社会整体的金融秩序。除了明显违法违规的行为需要惩戒外,因高管个人胜任能力不足或盲目扩张导致公司财务状况恶化而不得不退出市场的,也应当追究相关人员的责任。

2. 健全中小交易者保护机制

无论采取何种退出路径,均不可忽略交易者合法权益的保护问题。但我们也应该意识到,并非所有交易者的要求均能在法定范围内得到满足。譬如部分群体保本兑付的诉求,明显超过了合法权益的范畴。同时,退出机制的建立也在于督促交易者谨慎选择期货公司,而非一味追求高收益。取缔存在严重风险的期货公司,有利于避免系统性风险扩散,提升交易者对我国资本市场有序运行的信心。此外,在期货公司同质化竞争严重的状况下,将改善现有无序竞争的乱象,降低交易者的市场风险,提高期货市场的资源配置效率。

曼氏金融破产后,由美国商品期货委员会(U. S. Commodity Futures Trading Commission,CFTC)对曼氏金融违规运用客户资金并且违反美国商品交易法案和美国商品期货交易委员会条例的行为提起诉讼,并指控公司前首席执行官乔恩·科尔津(Jon Corzine)和前财务主管伊迪丝·奥布莱恩(Edith O'Brien)应该对客户资金被挪用负责,最终曼氏金融被要求向客户支付12.1亿美元赔偿款。[①] 我国亦可建立专门的期货交易者保护机构,负责处理相应的期货公司退出善后事宜。相应可以参考我国证券业的中证中小投资者服务中心有限责任公司建立独立运作的期货交易者服务公司,为交易者提供公益性诉讼支持。

交易者保护可由赔偿机制、诉讼机制和教育机制三部分组成,其中赔偿机制是中小交易者最关心的部分。目前我国期货保障基金的存在可以应对部分期货公司退出的赔偿问题,但其主要针对的是期货传统的经纪业务,并未涉及当前影响最大的资产管理业务。[②]

在中小交易者的兑付问题上,辖区监管单位往往要面临群体性的风险。[③] 而交易者保护机制作为事后防范机制,其主要问题是赔偿资金的来源,可以考虑结合实际业务的发展构建多层次的防护体系。参考近年来国际社会处置重大金融风险的经验,大多国家或地区认为处置成本主要应由金融行业自身承担,尽量避免或减少公共资金使用,有利于防范道德风险、严肃市场纪律。因此,金融稳定法规定,金融稳定保障基金由向金融机构、金融基础设施等主体筹集的资金以及国务院规定的其他资金组成。

目前国际主流期货交易者保障基金的主要资金源于会员所缴纳的会员费与交易手续费,由期货公司等经纪机构承担交易者保障资金。[④] 但近年来,我国期货市场业务已不再局限于传统的经纪业务,资产管理等创新业务的风险日益凸显,既有的资金存量很可能无法有效地保障创新业务交易者的利益。因此,有必要通过强化对违规期货公司及人员的罚款等多渠道储备保障基金。

同时,保障基金的用途除处置保证金问题外,还需要进一步拓展至期货公司的资产管理等业务,以尽可能全面地保障中小交易者的利益。目前,期货投资者保障基金虽然可以起到一定的保护效果,但是根据《期货投资者保障基金管理办法》第3条第2款的规定,我国期货交易者保障基金的保障范围仅包括经纪业务。德国有两种法定补偿机制,一种为银行存款保障(Einlagensicherungssystem),另一种为非

① 参见李寿喜、张晨:《世界顶级期货交易商破产原因探究——来自曼氏金融的教训》,载《技术经济与管理研究》2018年第5期。

② 《期货投资者保障基金管理办法》第2条规定:"期货投资者保障基金(以下简称保障基金)是在期货公司严重违法违规或者风险控制不力等导致保证金出现缺口,可能严重危及社会稳定和期货市场安全时,补偿投资者保证金损失的专项基金。"

③ 参见田军、丁楠:《我国期货经纪公司退出机制问题研究》,载《江苏商论》2006年第7期。

④ 参见陈利军、王伟、岳长青:《中外期货投资者保护基金比较研究》,载《管理现代化》2011年第5期。

银行类金融机构投资者赔偿机制(Anlegerentschädigungssystem),补偿的主体为[①]证券交易公司补偿机构(Entschädigungseinrichtung der Wertpapierhandelsunternehmen, EdW)。虽然德国《投资者补偿法》(Anlegerentschädigungsgesetz)第 11 条第 2 款规定,如果期货交易的许可不复存在时,补偿计划只对许可尚存之时的交易负责,但是由于“暂停”许可的存在,交易人也有最长 6 个月的缓冲期来弥补可能会由期货公司造成的经济损失。根据德国《投资者补偿法》(Anlegerentschädigungsgesetz)第 1 条的规定,期货公司所涉主营业务都属于补偿的范围,只要 BaFin 能够确定是引发补偿可归咎于期货公司因其自身的财务状况无法进行与交易人有关的期货交易。

除此之外,各个交易所也应当在交易人保护方面发挥一定的作用。同样以《欧洲期货交易所交易规则》为例,其第 48 条规定,交易许可被注销的,期货公司应当在欧洲期货交易所执行局规定的期限内将头寸平仓或转让给其他期货公司;此外,还应取消其在欧洲期货交易所系统中的所有订单和报价,并且不得开设任何新头寸。该期货公司还应确保其客户可以将在自己公司的头寸转移到新的期货公司。如果该期货公司不能在法定期限内完成这些要求,那么,只要这些期货公司获得了转移所需要的许可,或是取消了订单并将头寸平仓,欧洲期货交易所执行局可以将这些头寸转移给其他的期货公司。期货公司只有满足了上述规定的全部要求,且尽到了对结算公司以及结算成员的全部义务后,才算是从欧洲期货交易所完全退出。此外,Eurex Clearing AG 本身也设有结算保证基金及由结算公司本身盈余中提拨的损失准备,可以在结算会员违约时使用。[②]

四、结　　语

立足我国金融稳定法的框架,结合我国期货市场发展的具体情况,期货公司的退出机制应当以风险预警和保护中小交易者合法利益为核心,同时注重发挥市场机制的作用,避免过度的行政干预,必要及恰当时可以将市场监管权下放至各期货交易所、建立注销缓冲期等制度。对于违规经营造成期货公司退出的高管和相关责任人员,必须以零容忍的态度对其进行严厉的惩戒。

---

① BaFin, *Schieflage einer Bank oder eines Versicherers*, Bundesanstalt fürFinanzdienstleistungsaufsicht, Aug. 30. 2022, https://www. bafin. de/DE/Verbraucher/Sicherungssysteme/sicherungseinrichtungen_node. html.

② Part 6, Chapter I of the Clearing Conditions of Eurex Clearing AG: General Provisions, as of 01. 03. 2022, S. 95.

近年来我国期货市场高速发展,期货行业的上市公司数量逐步增加。但期货公司两极分化也越发明显,有些期货公司因长年累月经营管理不善,内控体系几乎完全失效,其本身已经构成潜在的风险来源。这类期货公司实际上已无法有效发挥管理风险的作用,其存在也将成为我国期货市场发展和数字化转型的障碍。在金融强监管的发展趋势下,让这类公司稳定有序地退出才是对市场最有利的选择。在倡导优质的期货公司上市发展的同时,依法监管、有序清退不符合市场要求的期货公司,方能切实有效地促进期货市场健康发展。

《公司法》修订背景下公司治理结构变革的探析

刘世幸*

摘　要:公司治理与国家治理密不可分,从一定意义上讲,公司治理就是国家治理的缩影,公司治理体系和治理能力现代化无疑是国家治理体系和治理能力现代化的重要组成部分。因此,在市场经济条件下,推动公司治理体系与治理能力现代化,作为市场经济之法的公司法理应担当起时代重任,与时俱进地改革与发展,这也关乎中国未来经济发展的走向。我国新一轮《公司法》修订之际,面临公司治理的全球化滥觞,治理现状困境对公司治理不断提出新的目标和要求。凸显公司治理结构作为微观企业制度核心的重要性,从规范层面对公司治理结构不断革新,首先应明确公司的治理定位和自治边界,厘清各组织机构的强制性规范与任意性规范的配置;其次要摆脱对我国既有治理结构的路径依赖,不被以何为中心的传统坐标束缚治理思路;最后以公司的类型化规范实现公司治理结构的重塑,通过具体区分封闭性公司与开放性公司的组织机构设置,进行科学的权衡取舍以待商事实践选择,在回应多数公司实际治理需求中为实现公司治理结构革新提供有益的思考。

关键词:《公司法》修订　公司治理　治理结构　变革路径

引　言

公司治理制度作为公司法的重要基石,其改革与发展和公司法律制度的变革与完善息息相关,二者在市场经济条件下和时代发展环境中不断孕育新的目标和要求,

---

* 西北政法大学民商法学院2021级硕士研究生。

保持与经济社会发展的同频共振，为未来我国的市场经济改革提供有利条件。因此，不断保持公司法律制度与公司治理制度的先进性，是对公司法进行修订以及对公司治理结构进行变革的题中应有之义。

当前，我国公司治理问题尽显，实践中的治理现状并不像立法者预设的那样尽如人意。从纸面上审视公司法律制度本身，我国的公司治理结构面面俱到，似乎已经相当完美和成熟，该种治理模式与架构也平稳地运行了几十年，可是实践中陷入既有制度锁定下的公司治理却长期存在各种运行困境。比如，无论大、中、小公司均统一适用一套治理模式，差异化的需求得不到满足；公司分权与制衡机构的设置在实际无法充分发挥作用，部分公司常年不开股东会、董事会，实际的操控与运作另有他人。最终导致公司治理失灵，甚至使公司的正常经营停摆，陷入公司僵局。这显露出我国公司治理结构的部分缺陷，治理现状呈现一定弊端。

正值《中华人民共和国公司法》（以下简称《公司法》）第6次修订之际，也是公司治理制度创新的历史发展机遇期，就公司治理结构层面，不妨梳理以下问题，或许能起到顺畅公司治理、解决现实问题的效果：第一，我国公司目前治理的现状及出现问题的原因何在？第二，我国公司的治理定位是什么？公司三个组织机构的职权与设置是否合理？到底是以何为中心？第三，如何实现各类型公司的不同治理结构路径？最终公司治理结构要实现怎样的变革目标？

一、我国现行公司治理的现状研析

（一）公司治理结构职能交叉重叠，与现实运行脱节

1. 公司治理的法定主体与实际主体脱节

《公司法》依据权力分配与制衡的机制将股东会定位为意思机构，董事会作为业务执行者，监事会则是监督的实施主体。可在实践中，实际的治理主体有所不同，董事会可能缺乏决策独立性，股东会“一言堂”、有的公司实际控制人滥权谋私的现象时有发生，关联交易未得到有效规制。公司设置的监事会机构尚不能起到预期的良好监督作用，在一些有限责任公司中，监事会更是形同虚设，主要是应对法律的强制性规定，所起的作用非常有限。而且，从行政监管和处罚结果可以窥见，上市公司中董事和高级管理人员的违法违规行为甚少是由监事会揭露的，这都不可避免地会损害中小股东的正当利益。2016年的“深圳万科董事会决议案”体现了公司股东主要是

内部控制人之间的控制权之争,案件不仅涉及公司股东、董事之间的利益争斗,也几乎卷入了所有的利益相关者。该案的发生引发了学界和实务部门对公司治理结构职权变革的反思。

2. 公司治理应然的权力分配与实然的权力分配脱节

《公司法》欠缺健全有效的追责机制,责任主体界定不清晰、权责不平衡导致各机构、各具体责任人的虚化和推诿,责任追究受到阻碍使得公司治理规范失效。比如,蒋大兴学者提到,公司治理出现"代理权下沉"①的现象,现行《公司法》明文规定了组织机构的权力配置,不存在可以由公司依据实际情况自由表达的情况。② 可在具体的商事实践中,有的享有公司重大事项决定权的股东会却只是"走过场式"地履行法定的开会程序,受控股股东或者董事长支配的董事会决议真正左右公司的经营方向,而负责具体执行和实施事项的实际管理者却全部下沉到经理层。这就使执行部门不实际进行业务执行、实际执行业务的部门却无法承担治理责任,不仅与法律规范的本意定位不符,而且权责不明的矛盾越发突出。法律规定的机构职责与实践中的行为责任不能匹配,存在重集体责任、轻个人责任的现象。

(二)公司治理结构设置不合理,无法满足差异化需求

现行《公司法》将公司分为有限责任公司和股份有限公司,具体可见《公司法》的第 2 章、第 3 章和第 4 章、第 5 章的规定,但针对公司的治理结构却有体系而无功能,立法为两种公司统一设计出一套均"应当"适用的治理模式,在一些方面不适应不同类型公司的治理差异和实践需求,适用相同的治理模式和治理规则的设计与现实脱节。具体而言,我国《公司法》对所有类型的公司都贯彻分权制衡的理念,在公司中实行股东会、董事会和监事会"三位一体"的权力配置。③ 立法的初始定位是让公司治理中 3 个法定的职能机关,即权力机关、执行机关和监督机关合理分工、互相制约,同样的职权与设置不仅适用于小型的封闭的具有人合性的有限责任公司,也将之一体规定在大型的公开的具有资合性的股份有限公司甚至是上市公司的法律规范中,治理结构的强制性规范对公司、股东、董事、监事、高级管理人员及利益相关者都产生约束力。而且公司的治理结构能否通过公司章程、股东会决议等来变通选择存在疑

---

① 参见蒋大兴:《公司董事会的职权再造——基于"夹层代理"及现实主义的逻辑》,载《现代法学》2020 年第 4 期。

② 参见徐强胜:《论我国有限责任公司的定位与改革》,载《法学杂志》2020 年第 10 期。

③ 参见刘斌:《公司机构设置的组织法逻辑与改革路径》,载《法律适用》2021 年第 7 期。

问,[①]根据司法实务经验,此种意定设计暂未得到认可。

问题是,不同类型公司的经营特点与行业规模可能存在很大差别,比如,对于封闭性公司而言,董事会和监事会无法与股东会相抗衡,而且控股股东与实际控制人不受"三会"治理的约束,各股东之间因人事安排、经营方针和利益分配而产生的内部矛盾和冲突对立长期无法得到有效规制,"一刀切"地强制要求公司按照分权制衡模式设置公司治理结构,在压缩公司自治空间的同时,饱受治理弊端的困扰。此外,根据《公司法》以及《中华人民共和国证券法》的规定,股份有限公司又可分为上市公司、非上市公众公司和非公众的股份有限公司,不同类型的股份有限公司在风险防范和股权结构等方面存在较大差异。而且,股份有限公司的不少治理规则几乎是有限责任公司相关规定的"翻版",要求股东人数少、封闭性强的股份有限公司适用与开放性强的公众公司和上市公司近乎趋同的治理结构规范,在逻辑上存在一定问题。由此可见,现有的《公司法》没有充分重视治理结构设置的差别性需求,不加类型化区分、统一适配相同的公司治理规则,也暴露出实践中的诸多问题。

综上所述,我国的公司治理出现失灵现象,公司运行效果不尽如人意背后的深层原因是公司治理结构的缺陷。公司治理模式单一且高度雷同,治理体例的粗放立法和欠科学性不仅会影响公司投资兴业的活力,增加公司的治理成本,而且不利于资本市场环境的改善,因此,我国亟须对公司的治理结构进行深层次的变革。

二、公司治理结构变革的理论基础

(一)合理定位:明确公司自治的边界

为应对当前公司治理出现的异化现象和弊端,应当提倡公司理性自治,实现公司法规范体系与功能的双效互动。王建文教授认为,考虑公司治理结构时要始终将维护公司的独立人格作为最基本的目标追求,而且公司自治与国家干预是在公司治理结构构建中需要平衡的两大因素。[②] 那么,在公司法推动和完善公司治理的过程中,治理规范的强制性规范与任意性规范的定位在哪里?在公司自治的范畴内如何在坚守自治底线的同时创造更多的自治空间?针对这两个问题,具体可分别从以下方面

① 参见邹海林:《关于公司法修改的几点思考》,载《法律适用》2020 年第 1 期。

② 华东政法大学宣传部(新闻中心):《经济法学院举行"〈公司法〉修订高端论坛"》,载华东政法大学新闻网 2022 年 3 月 28 日,https://news.ecupl.edu.cn/2022/0328/c678a188110/page.htm。

进行探讨。

1. 公司自治规范的定位

总体来看,公司法属于私法范畴,其应当对自治更加宽容,通过提供更多方案来回应和容纳市场经济的不断演进。我们可以从《公司法》的历次修订发现,公司法的整体基调是不断弱化强制性规范,而更加强调对市场主体自治的尊重。在公司法中肯定和规定更多的任意性规范,已然成为现代各国公司法实现自身发展和有序竞争的时代潮流。① 实践中的问题在于,公司法规范中强制与自治的边界并不是很清晰,公司治理规范中的强制性规范与自治性规范的定位也并不明确。比如,在《公司法》修订中,针对董事会和股东会的职权分配,可否通过公司章程自治进行调整,股东会能否通过公司章程将法律列举的董事会职权划归股东会? 或者能否将股东会的职权恰当地下放给董事会行使? 这些问题均存有疑问。曹兴权教授认为,《公司法(修订草案)》第 62 条改变了传统的股东会与董事会之间权力配置的基本逻辑,根据该草案,没有规定清楚的权利都属于董事会。② 本文认为,现行法律的表述中保留股东会的法定职权,删除了董事会和总经理的法定职权,并不意味着董事会的职权就不重要了。因此,在公司的治理实践中,在多大程度内允许公司通过章程甚至是股东间的内部协议去变通公司法所框定的公司治理结构,仍需要法律的明确解答。在公司治理的规范体系中,公司法还需要协调与证券法、监管规章之间的关系,从而实现公司治理的最佳效果。长期以来,我国公司治理存在两个完全不同的治理体系。有限责任公司和股份有限公司,是由公司法和各地市场监督管理部门按照公司法所制定的章程范本来统辖的;但对于上市公司,其规范来源是中国证券监督管理委员会(以下简称证监会)和证券交易所制定的各种规章、指引和指南。

2. 创新公司自治的空间

要尽力克服法定的公司治理结构的局限性,对公司适用强制性规范抑或任意性规范,需要考量不同的公司类型。封闭性的有限责任公司以及非公众性的股份有限公司是合同自治的结果,对其的治理规范应当有一定的任意性空间。比如在现行《公司法》规范基础上,适当增强公司章程的自治程度,尤其是封闭公司章程的自治程度。基于封闭公司的人合性,应赋予其更高的自治性。例如,允许封闭公司在章程、决议

---

① 参见赵旭东:《中国公司治理制度的困境与出路》,载《现代法学》2021 年第 2 期。

② 华东政法大学宣传部(新闻中心):《经济法学院举行"〈公司法〉修订高端论坛"》,载华东政法大学新闻网 2022 年 3 月 28 日, https://news.ecupl.edu.cn/2022/0328/c678a188110/page.htm。

中更自主地选择公司内部治理模式、机构设置以及法定职权，根据自身需要选择以股东会为中心或以董事会为中心；而公众公司以及上市公司受到股东集体行动等因素的制约，管理层机会主义风险更高，所以理应适用更多的强制性治理规范。同时，不论是封闭性公司还是开放性公司，都应明确自治的边界，可参考公司的开放程度、规模和影响力，构建差序的章程绝对必要记载事项，并与登记相结合表现在信息公开上。

此外，对于公司组织机构设置规范而言，机构设置提倡灵活化。公司组织机构的统筹设置对于每个公司的生存和发展来说都是必不可少的治理条件。在普遍性特征的视角下，应提供最大化的自主性选择空间。公司组织机构的设置规范应视不同类型公司的现实需要分别定性，若某一机构的设置为该种类型公司运行所必需，那么公司法就应当对该必备的组织机构进行相应规定，并设置强制性规范，反之，其他的机构设置就可交由公司自主决定，公司法规定对该机构可设可不设，并对该机构职权设置任意性的规范。而且立法也可以针对同一类型公司提供多种治理模式，以不同机构设置的组合来支撑商事实践中多样化的选择。目前《公司法(修订草案)》已经在优化公司组织机构设置上作出了努力，明确董事会的执行机构地位，允许规模较小的公司不设董事会和监事会。在此基础上，可以逐步明确“规模较小”与封闭和开放的关系以及规模的参照因素，决定是否有必要在封闭与开放层级下继续按照规模来划分类型，或仅将其体现在对特定事项的规定中。

(二)本位认识：选择以何为中心的模式

选择以何为中心的治理模式是公司治理结构研究与公司法制度革新设计的过程中必须要回答的问题，而且是基础性和前置性的问题。关于公司治理结构的职权配置，一直以来都存在模式之争，基于不同的立法构建和理论选择，存在股东会中心主义、董事会中心主义和管理层中心主义(经理人中心主义)的争论。我国现行的《公司法》并没有具体规定公司的治理模式，似乎这仅是一种理论层面的学理探讨，殊不知其贯穿于公司治理实践的全方面，直接影响着公司治理的结构问题。在《公司法》新一轮修订中，“主义之争”又不可避免地成为学界讨论的焦点话题，它被认为是修法的关键命题。因此，我国公司的治理结构改革需要对此作出明确的回应。

1. 公司法修订的学理探讨

通说观点认为，中国现行《公司法》实行的是股东会中心主义，董事会的法定权限并未得到充分凸显，因此我国公司法应从“股东会中心主义”走向“董事会中心主义”。[①] 刘俊海教授认为,公司治理的核心在于公司权力来源于股东,由股东会行使公司治理权是一种更加谨慎的选择,因此主张坚持股东会中心主义。[②] 曾斌学者认为,董事都是由股东选举出来的,人头决的决策更能体现公司治理的价值,因此主张董事会中心主义。[③] 蒋大兴学者认为,中国公司的组织构造是一种夹层结构,大量公司经营决策是由经理层来完成的,因此主张经理人中心主义。[④] 由此观之,不同学者对于不同的治理模式的视角和着眼点有所不同,导致对以何为中心的界定和选择不同。

通过分析我国的治理现状,可以发现现实情形与立法规范相脱节,这就要求《公司法》对我国公司治理模式的抉择进行重新思考。就 2021 年《公司法》的修订草案而言,草案删除了原有对董事会和经理职权的列举规定,草案第 62 条新增规定:“董事会是公司的执行机构,行使公司法和章程规定属于股东会职权之外的职权。”此外,第 128 条新增董事会决议应当作出会议记录并由出席股东签名的规定。上述修订被不少学者认为是我国《公司法》顺应主流发展,作出的使公司法向董事会中心主义靠拢的有力尝试。但是,我们需要考虑的是,该草案仅规定了董事会享有股东会职权外的剩余权力,而股东会的所有者权力又极大,股东可以轻易借助修改公司章程、签署股东协议或一致行动意见和股东会决议等方式,架空董事会的实权。而且在实践中,董事会会议的正式举行、董事们勤勉地参与开会与辩论又能在多大程度上得到实现?《公司法》仅规定形成会议记录并签名的形式做法难以判定董事是否尽责履行了忠实勤勉义务。同时《公司法(修订草案)》第 64 条规定,有限责任公司可以由章程规定在董事会中设立审计委员会,就可以不设监事会或监事。《公司法(修订草案)》第 125 条也规定,股份有限公司可以设置审计委员会等专门委员会,并在满足一定条件下就可以不设监事会或者监事。这一立法态度是否代表着立法者试图放弃监事会,而以董事会中的审计委员会来替代监事会成为组织机构设置的标配呢?[⑤]

2. 域外和我国的实践经验

不同的法律文化传统、历史发展背景和现实国情,使不同的治理模式在各国存在

---

① 参见蒋大兴:《公司董事会的职权再造——基于“夹层代理”及现实主义的逻辑》,载《现代法学》2020 年第 4 期。

② 参见刘俊海:《股东中心主义的再认识》,载《政法论坛》2021 年第 5 期。

③ 参见曾斌、方荣杰:《公司法修订草案对上市公司治理的影响评析》,载《审计观察》2022 年第 2 期。

④ 参见蒋大兴:《公司董事会的职权再造——基于“夹层代理”及现实主义的逻辑》,载《现代法学》2020 年第 4 期。

⑤ 参见曾斌、方荣杰:《公司法修订草案对上市公司治理的影响评析》,载《审计观察》2022 年第 2 期。

独特的生长土壤。英美法系模式的公司机构设置仅存在股东会和董事会,董事会兼具经营与监督的双重职能,[①]对完善的金融市场和激励机制以及配套的股权分散环境要求较高;德国模式通过监事会下设董事会来强调对董事会的严格监督,对资本和劳工有机结合以及完善的工会制度要求极高;日本公司法设计了多样化的公司治理结构,允许公司在限定范围内自治选择。[②] 总之,不同的公司治理模式各有所长,目前并不存在一种最优越且具有普适性的公司治理。

我国公司类型复杂多样,不仅存在各种规模不一的股份有限公司和有限责任公司的公司类型,也存在国有独资公司、一人公司等特殊的公司形态,不同公司的经营规模、股权结构、风险防范等方面各不相同,导致具体的运作情况也存在较大差异。例如,上市公司等开放性公司,会受到统一外部市场监管和严格上市规则约束,容易出现公司治理中股东间的集体行动问题,也会存在小股东的搭便车行为,故更适宜采取法定的董事会中心主义,其相较于封闭性公司更需要考虑公司独立人格维持和利益相关者的权益保护;而有限责任公司等封闭性公司,股东人数较少、股权较集中、经营规模较小,具有人合性的特点,更强调股东利益至上,因此采取股东会中心主义是较理想的治理选择。由此可见,公司的法定类型、规模特点与公司治理模式的本体定位有着十分紧密的关联。我国现行《公司法》对所有公司类型不加区分,统一适配一体化的制度设计,而无数公司在实际的运行中均必须选择某一特定的治理模式规范去套用,导致其在公司内部治理需求和外部市场环境异化的驱使下逐渐演变为一种法外的治理模式,从而形成自己的治理中心,这影响了公司法规范的地位。

综上所述,《公司法》修订改革的使命不是对公司治理模式的优化进行"多选一"的排他性选择,[③]而是根据公司分类,在肯定和设计多种治理模式的基础上,赋予治理模式规范以法律的任意性,允许公司当事人根据自身需求自主选择,以摆脱公司治理中心界定不明和难以统一适用的难题。

---

① 参见邹小琴:《我国公司治理法律制度的弊端检讨及完善路径》,载《法学杂志》2020年第1期。

② 参见王建文:《商法教程》(第2版),中国人民大学出版社2013年版,第156页;徐浩:《我国公司治理的多样性构建——以日本公司治理的沿革为参照》,载《生产力研究》2015年第5期。

③ 参见赵旭东:《股东会中心主义抑或董事会中心主义?——公司治理模式的界定、评判与选择》,载《法学评论》2021年第3期。

三、以公司类型化重构公司的治理结构

实质上,公司类型改革和公司治理结构改革均属于此次公司法修改的重要面向,[①]且二者之间存在密切的联动关系。我国公司法上的治理结构设置并未完全契合商事实践的差异化要求。对公司的类型化考量,实则满足了公司实现多元化的组织机构设置的需求。我国公司法从 1993 年开始就保持着将公司划分为有限责任公司和股份有限公司的"二分法",学界也接受此种分类并在此基础上进行研究。可在实践中出现的问题是,两者区分并不明确,两种公司仅在股东人数、出资形式等方面有着形式上的差异,并无实质的不同;立法也没有妥善区分不同类型的股份有限公司,而使其适用同样的治理规则。其实细究我国现行的公司类型划分,也会发现暴露在公司类型结构上的诸多问题。本文的重点并非致力于重塑和再造公司的法律形态,仅在实质意义上从封闭性公司和开放性公司两类公司角度进行比较分析,以实现重构公司治理结构的目的。

(一)封闭性公司的治理结构变革

封闭性公司包括有限责任公司和非公众股份有限公司。在规范层面上,立法应当尽量减少"家父主义式"的治理规范,不断满足新兴企业的灵活发展需求,针对该类公司组织结构的设置进行简化处理。这并非学者设想的理论方案,域外法系的经验可供参考。例如,英国《公司法》在"优先考虑小公司"的战略安排下,不断简化小公司的决策程序、针对私人公司废除设置公司秘书的要求;德国私人公司只设置经理和股东会两个机关,管理权可以在经理和股东会之间分配;法国的简化股份有限公司不被视为公众公司,其不需要股东会和董事会,只需设置一名经理代表公司;日本公司法允许公司通过章程自治采取不同的机关设置,"消除了小规模公司也必须同大规模公开公司设置同样的公司机关的矛盾"。[②]

由此看来,对封闭性公司而言,基本的改革逻辑在于:结合公司的自治性特色和具体化需求来灵活设置公司的组织结构。具体而言,允许公司通过公司章程和股东协议的方式实现对公司组织机构的自由选择和变通。多数封闭性公司的股东集所有权和经营权于一体,和现有公司治理模式中预设的分权制衡模式相背离,此种立法设

---

① 参见刘斌:《认真对待公司清偿能力模式》,载《法律科学》2021 年第 4 期。

② [日]近藤光男:《最新日本公司法》,梁爽译,法律出版社 2016 年版,第 175 页。

计既无必要也不经济,应当予以改变。股东会作为公司必不可少的权力机关和意思机关,“任何公司都不可能没有股东会的实质”,[①]可以继续将其设为公司的常设机构,但针对股东会的职权应当区分对待,所有者权利作为股东的固有权利应当是强制性的。本文认为,可以将经营者权利作为任意性规范的内容,允许由董事会或经理来行使;董事会、监事会实质上均无必设的价值,二者在实践中仅仅扮演着名义上的“组织机构”角色。董事会的权力既可以上收由股东会行使,也可以下放由经理层施行,[②]所以董事会并非必设的机构。封闭性公司有权根据自身经营状况,选择设置或不设董事会,相应的职权设置也应为任意性规范;监事会的监督职能在实践中发挥得不尽如人意,[③]尤其是在封闭性公司中更是缺乏治理实效。在2021年《公司法》修订中,放弃必设监事会的观点也在一定程度上取得了共识。故而本文建议将监事会定位为选设机构,并将其职权设置为任意性规范,允许公司内部对其监督机制另行设计。此时,董事会和监事会等传统的执行和监督机构因非必设性可能不复存在,公司权利将在管理股东与非管理股东之间展开配置,其他股东则肩负监督的职责,并且法律应当赋予公司通过股东协议的方式实现对公司治理结构特殊安排的自治权。

(二)开放性公司的治理结构变革

典型的开放性公司包括上市公司和非上市公众公司。对于开放性公司的治理规则,因其关系到公众利益、小股东利益、债权人等利益相关者的权益保护,要更多强调信息披露及决策程序公正,因此需要依靠《公司法》、《中华人民共和国证券法》、证监会监管规则等共同来进行规制。日本公司法在有关股份公司的规范体系上,通过对董事会设置公司、监事设置公司及公开公司规定特例的方式,逐步对不同类型的公司展开不同的规制;韩国公司法应实务界的要求,对股份有限公司依据公司的公众性程度与规模大小的不同在诸领域允许公司选择更多的治理模式。总之,根据现有的治理结构规则,在此基础上建立更完善的多元化治理机制是各国公司法改革的共同趋势。

具体而言,现行《公司法》规定,上市公司的组织机构除传统的股东会、董事会、监事会外,在董事会内部还要求设立独立董事、董事会秘书和专门委员会。就非上市公

---

① 赵旭东:《中国公司治理制度的困境与出路》,载《现代法学》2021年第2期。

② 参见许可:《股东会与董事会分权制度研究》,载《中国法学》2017年第2期。

③ 参见郭雳:《中国式监事会:安于何处,去向何方?——国际比较视野下的再审思》,载《比较法研究》2016年第2期;杨大可:《论监事独立性概念之界定——以德国公司法规范为镜鉴》,载《比较法研究》2016年第2期。

众公司而言,《公司法》未要求附加其他如独立董事等组织机构,存在减法作业的规范设置。针对开放性公司,所有权与管理权分离的模式贯彻始终,[①]所以股东会、董事会的必备并不存在问题。但近年来也产生权力重心下移问题,使董事会的决策机能不断弱化,经理层的权力得到实质性扩张。学者将其称为"董事会的地位变迁"。针对此种现象,本文认为应当为董事会将经营决策权力授予经理行使保留制度空间,使组织机构之间的分权保持一定的弹性和自由。受股东会的被动性和股东的异质化影响,有必要让股东会远离经营决策,其实际上也难以具体行权;也应当将董事会从日常经营事务中解放出来,让其致力于公司经营战略的把控,并发挥对经理层的监督职能,进而得以有效追责。是否设置监事会、监事会和独立董事之间的关系、专门委员会的定位问题以及如何有效发挥监督职能更是针对开放性公司治理结构设置的争议话题。本文认为,我们应当把握这一本源——专门委员会主要是为独立董事而生的,监事会在德国是有选举董事会的权利。领会这一本源后,通过有效融通独立董事和监事会的职权,可以考虑允许开放性公司自主选择其一发挥公司的监督职能。如此,这些问题迎刃而解。

综上所述,在多类型公司共存的情形下,也应允许不同的治理结构在内部共同竞争。单一的公司治理模式无法应对知识经济、风险投资等新经济形势,强制性的治理结构与我国当前经济转型发展的大背景也有不适应之处,因此要充分考虑不同公司内部治理结构设置的多元化可能。同时,规则选项的设计应以自治为中心,淡化必设机关概念,适当回应非常态化的内部机构和更多任意性规范需求等问题。正如郭富青教授所指出的那样,弥合当下公司治理一元化模式与现实的脱节,应向多元化公司治理结构模式转变,使公司结构多元化、可选择、可转换。[②] 我们期待《公司法》新的修订考虑公司类型的差异化,实现从单一治理到多元共治的规范格局。[③] 此外,从全局性和系统性的思考角度,公司法治理结构的恰当与否,不仅关涉公司的正常经营秩序,而且也需要协调与平衡公司中各方主体的利益关系。[④]

---

① 参见刘斌:《公司类型的差序规制与重构要素》,载《当代法学》2021 年第 2 期。

② 参见郝磊、谢飞:《推进营商环境法治化中的商事法律现代化——中国法学会商法学研究会 2021 年年会综述》,载《天津师范大学学报(社会科学版)》2022 年第 1 期。

③ 参见冯果:《整体主义视角下公司法的理念调适与体系重塑》,载《中国法学》2021 年第 2 期。

④ 参见叶林:《公司治理制度》,中国人民大学出版社 2021 年版,第 86 页。

四、结　语

公司治理是一个进化的理想,也是一个持续改进的过程。[①] 在公司治理结构的谱系中,针对公司治理结构模式的高度雷同和体例欠科学性的根本问题,我国要摆脱对既有治理结构的路径依赖。在公司自治的合理定位基础上,不被以何为中心的传统坐标束缚治理思路。公司治理结构变革的路径设计既要放眼世界,更要立足国情。在中国语境下切实解答"中国问题",应当根据不同公司类型自身的特征、价值及功能展开多元化的治理结构革新,对公司的组织结构进行科学取舍以留待商事实践选择,创新和构建符合中国公司治理需求和规律的治理机制,以实现对公司治理制度的支撑和托举。在我国《公司法》修订的机遇期,实现公司治理结构的多元化,平衡公司的私法利益和社会责任,能够使我国公司治理制度和公司法律制度在长久的制度竞争中占据优势地位,获得持续的胜利。

① 参见[美]斯科特·格林:《〈萨班斯-奥克斯利法案〉与董事会——公司治理的最佳技巧及范例》,荆新译,东北财经大学出版社2012年版,第7页。

I 理论探究

INVESTOR

违反投资者适当性义务参照适用惩罚性赔偿研究

谭子文[*]

摘　要：个人投资者可以视为受消费者保护法保护的金融消费者，金融机构故意违反适当性义务可能构成欺诈，有参照适用惩罚性赔偿的空间。对故意违反适当性义务的行为参照适用惩罚性赔偿，既有利于遏制金融机构不法推销行为、激励投资者起诉，也能在一定程度上弥补金融产品创新层出不穷背景下行政监管的不足。但是，金融机构违反适当性义务并不意味着要机械适用"退一赔三"的规定，应从惩罚性赔偿数额倍数限制、主观要件及其举证责任转换、求偿投资者自身因素等方面作细致分析，审慎参照适用惩罚性赔偿，以免利益失衡。

关键词：适当性义务　惩罚性赔偿　金融消费者

引　言

投资者适当性是指金融机构所提供的金融产品、服务与投资者的财务状况、投资目标、风险承受能力、投资需求、知识经验等相匹配，旨在让金融机构"了解你的客户"，从而将适当产品销售给适当投资者。[①] 尤其是在注册制改革、多层次资本市场建设与金融创新层出不穷的背景下，不同市场的产品与服务越发呈现多样化、差异化特征，更需要精准匹配给不同的投资者。

在 2019 年修订《中华人民共和国证券法》（以下简称《证券法》）之前，投资者适

*　北京证监局试用期干部。

①　参见张付标、李玫：《论证券投资者适当性的法律性质》，载《法学》2013 年第 10 期。

当性已在多处规范中出现,如《关于规范金融机构资产管理业务的指导意见》[①](以下简称《资管新规》),中国证券监督管理委员会(以下简称证监会)更是专门制定了《证券期货投资者适当性管理办法》。但是,上述规定多是从行政监管角度对金融机构提出投资者适当性管理的要求,而有关民事赔偿责任的规定寥寥无几,或者仅是规定应负赔偿责任,并没有说明具体赔偿范围。为此,《全国法院民商事审判工作会议纪要》(以下简称《九民纪要》)规定,金融机构未尽适当性义务,不适用《中华人民共和国消费者权益保护法》(以下简称《消费者权益保护法》)下的惩罚性赔偿,但就利息损失请求部分仍可适用高于同期存款基准利率的惩罚性赔偿。[②]《九民纪要》虽然在司法实践中颇有影响,但是《九民纪要》并非最高人民法院制定的司法解释中的"解释""规定""批复""决定"中的任何一种,不是作为裁判依据的"规范法源",[③]对法院裁判无必然的约束力。而且,《九民纪要》的部分规定也已经被后续司法解释修改。例如,《最高人民法院关于适用〈中华人民共和国民法典〉有关担保制度的解释》(以下简称《民法典担保解释》)就对《九民纪要》中的内容进行了修改,[④]这说明《九民纪要》本身并非完全不能变通,法官应根据具体案件情形作出裁判。因此,本文认为,至少在规范法源出台之前,如何在违反适当性义务的情况适用惩罚性赔偿仍具有可议的价值。

本文第一部分在现行法框架内,讨论违反适当性义务适用惩罚性赔偿的法理基础,主要围绕"投资者是否为金融消费者""违反适当性义务的行为能否构成欺诈"等子话题展开讨论。第二部分将结合惩罚性赔偿制度的设立初衷、现有资本市场改革情形等,讨论适用惩罚性赔偿是否具有正当性。第三部分将从投资者与金融机构间的利益平衡出发,综合考量金融市场创新需求,对惩罚性赔偿适用的限制作出说明,以强调对其的审慎适用。

---

① 《资管新规》第 6 条第 1 款规定:"金融机构发行和销售资产管理产品,应当坚持'了解产品'和'了解客户'的经营理念,加强投资者适当性管理,向投资者销售与其风险识别能力和风险承担能力相适应的资产管理产品。禁止欺诈或者误导投资者购买与其风险承担能力不匹配的资产管理产品。金融机构不得通过拆分资产管理产品的方式,向风险识别能力和风险承担能力低于产品风险等级的投资者销售资产管理产品。"

② 参见《九民纪要》第 77 条第 2 款。

③ 参见朱庆育:《民法总论》(第 2 版),北京大学出版社 2016 年版,第 36～39 页。

④ 比如《民法典担保制度司法解释》在《九民纪要》基础上,对公司对外担保过程中无须公司机关作出决议的特殊情形,进行了修正,如删除"公司与主债务人之间存在相互担保等商业合作关系"的情形,增加"一人有限公司为股东提供担保的"的情形,将"为其直接或者间接控制的公司提供担保"限缩为"为其全资子公司提供担保"等。因此,《九民纪要》中的该条规定实际上已至少被部分废止。参见《民法典担保制度司法解释》第 8 条、第 10 条,以及《九民纪要》第 19 条。

一、现行法框架内参照适用惩罚性赔偿的法理分析

根据《证券法》第88条的规定，金融机构违反投资者适当性义务的，应负赔偿责任。一般而言，损害赔偿领域秉持填平原则，除非法律特别规定，不得施以惩罚性赔偿。我国明文规定的惩罚性赔偿制度亦少见，如近年来因重视知识产权保护而增加的知产侵权惩罚性赔偿、消费者权益保护与食品安全领域的惩罚性赔偿。在我国现有的惩罚性赔偿制度下，最有可能与投资者适当性管理相联系的，是《消费者权益保护法》所规定的消费者因遭受欺诈而可以主张的惩罚性赔偿。[①] 因为机构投资者本身不属于自然人，更不可能成为消费者，所以不在本文讨论范围之内。如果希望适用该法条，则需要解决两个关键问题：第一，个人投资者是否为受《消费者权益保护法》保护的金融消费者；第二，金融机构违反适当性义务是否构成欺诈。

(一)个人投资者是否为受消费者保护法保护的金融消费者

尽管传统的消费者保护法主要是针对衣食住行等传统领域，但在购买金融产品以及接受金融服务的过程中，由于信息不对称以及金融产品的复杂性，个人投资者的理解、判断、抵御风险等能力普遍较低，[②]因而逐渐出现“金融消费者”的概念。比如，《中国人民银行金融消费者权益保护实施办法》第2条第2款将金融消费者界定为“购买、使用金融机构提供的金融产品和服务的自然人”。个人投资者处在金融商品流通环节的末端，是金融商品的最终用户，也是金融商品各类风险的直接承受者，因此具有消费者的性质。[③] 我国目前的投资者结构仍是以个人投资者为主，个人投资者作为证券市场的投资者，与机构投资者相比，显然处于明显的弱势地位，无论是信息劣势，抑或是资金、专业知识的不足，都使个人投资者对自己投资的安全性与收益性情况难以把握，其弱势地位导致的利益失衡符合消费者保护的原理。因此，在金融投资领域，一般而言，个人投资者可被称为金融消费者。[④]

---

① 《消费者权益保护法》第55条规定：“经营者提供商品或者服务有欺诈行为的，应当按照消费者的要求增加赔偿其受到的损失，增加赔偿的金额为消费者购买商品的价款或者接受服务的费用的三倍；增加赔偿的金额不足五百元的，为五百元。法律另有规定的，依照其规定。经营者明知商品或者服务存在缺陷，仍然向消费者提供，造成消费者或者其他受害人死亡或者健康严重损害的，受害人有权要求经营者依照本法第四十九条、第五十一条等法律规定赔偿损失，并有权要求所受损失二倍以下的惩罚性赔偿。”

② 参见陈洁：《投资者到金融消费者的角色嬗变》，载《法学研究》2011年第5期。

③ 参见何颖：《金融消费者权益保护制度论》，北京大学出版社2011年版，第15页。

④ 参见郭丹：《金融消费者之法律界定》，载《学术交流》2010年第8期。

当然,也许有观点认为根据《消费者权益保护法》的规定,消费者的消费目的应是生活消费,而金融消费不应被纳入生活消费的范围,[①]投资者更是无法被认定为消费者。但是在现代,消费者已广泛借助金融机构满足其生活消费需求,金融消费已进入日常生活的方方面面并与生活消费结为一体。[②] 随着我国居民可支配收入的提高,投资也成为普通人的需求。[③] 如果将金融消费与生活消费分开,就像把在线支付(也可视为金融消费的一种)与生活消费分开一样,已不符合社会现实。作为一种源于实践需求的法律制度,惩罚性赔偿制度内嵌于社会经济领域失范秩序的整合范畴,其作用场域在社会分工发达、信息不对称现象普遍存在的市场领域。[④] 证券领域恰恰是一个信息严重不对称的市场,普通的个人投资者需要受特殊保护。即使有观点认为,金融消费不能直接被纳入生活消费的外延,也并不意味着杜绝投资者以金融消费者身份求偿的可能。因为在民商事裁判领域,参照适用是被允许的。

因此,鉴于个人投资者面临着信息获取、经济实力、专业知识等方面的鸿沟,金融消费也与生活消费密不可分,可以将个人投资者作为金融消费者,将其纳入《消费者权益保护法》的保护范围。正因为个人投资者可被视为《消费者权益保护法》中的消费者,其可以寻求惩罚性赔偿的范围,就可以尝试部分突破《九民纪要》所持的"根据金融机构向金融消费者的承诺最大利益原则加以确定"[⑤]的理念。换言之,在确定惩罚性赔偿时,不仅要如《九民纪要》一样关注利息损失的部分,而且要关注本金部分。当然,关于具体赔偿数额是否直接遵循"退一赔三"规定的问题,本文将在文章的第三部分一并讨论。

(二)违反适当性义务的行为能否构成欺诈

如果希望参照适用惩罚性赔偿,那么需证明金融机构违反适当性义务的行为,构成欺诈。适当性义务内涵是丰富的,不能将违反适当性义务的行为一概视为欺诈。本部分通过考察适当性义务的内涵,来说明违反适当性义务的行为是否具有构成欺诈的可能性。

① 参见最高人民法院民事审判第二庭编著:《〈全国法院民商事审判工作会议纪要〉理解与适用》,人民法院出版社2019年版,第430页。

② 参见叶林、郭丹:《中国证券法的未来走向——关于金融消费者的法律保护问题》,载《河北学刊》2008年第6期。

③ 参见何颖:《金融消费者权益保护制度论》,北京大学出版社2011年版,第12~14页。

④ 参见江帆、朱战威:《惩罚性赔偿:规范演进、社会机理与未来趋势》,载《学术论坛》2019年第3期。

⑤ 参见最高人民法院民事审判第二庭编著:《〈全国法院民商事审判工作会议纪要〉理解与适用》,人民法院出版社2019年版,第430~431页。

1. 适当性义务与欺诈构成要件

适当性义务的内涵包括了解客户、了解产品、风险匹配、风险揭示四个方面。[①] 金融机构了解客户、了解产品的义务，并不直接涉及与投资者之间的互动，所以一般没有单独成立欺诈的可能。风险匹配义务是指，在充分了解投资者与金融产品（服务）的基础之上，金融机构还须对二者进行匹配，向投资者销售与其风险识别能力和风险承担能力相适应的金融产品；风险揭示义务是指，金融机构应当向投资者充分披露产品的风险，该类义务实际上就是信息披露义务。[②] 在金融机构履行风险匹配义务与风险揭示义务时，金融机构是直接面向投资者的，其行为就有可能满足欺诈的构成要件。

如何认定构成《消费者权益保护法》中的欺诈，理论上存在多种学说，如四要件说、三要件说、二要件说和单要件说。四要件说认为，欺诈的构成要件包括：欺诈故意、欺诈行为（既包括积极地虚假陈述，也包括消极地隐瞒真实情况）、被欺诈的消费者因欺诈陷入错误判断、被欺诈的消费者基于错误判断作出了错误的意思表示；三要件说排除了四要件说中的“欺诈故意”这一要件；二要件说则将重点放在欺诈故意和欺诈行为上；单要件说的重点在欺诈行为。[③] 各种观点的区别在于要件数量的多少以及主观要件是否必要。鉴于金融市场的复杂性，如果过于放低构成金融消费者欺诈的门槛，没有兼顾金融机构的利益，则天平过于向投资者，容易引发滥诉的风险，徒增市场成本。所以本文认为采取四要件说，相对妥当。

2. 违反适当性义务的定性：存在缔约过失与欺诈的竞合

适当性义务是在合同订立阶段、金融机构销售产品阶段的义务，是先合同义务，违反先合同义务应负缔约过失责任。[④]《九民纪要》也将适当性义务明确为先合同义务。有观点认为，违反适当性义务一般不是欺诈，而只是没有如实、详尽告知，或风险揭示不准确，最严重的是风险不匹配的情况，这都与欺诈有一定距离。[⑤] 本文认为，上述观点确实适用于一般情形，但不能涵盖所有违反适当性义务的情形。

违反适当性义务确实构成缔约过失，但这并不意味着排除欺诈的适用。诚然，欺

① 参见吴弘、吕志强：《金融机构适当性义务辨析——新〈证券法〉及〈纪要〉视角》，载《上海金融》2020 年第 6 期。

② 参见黄辉：《金融机构的投资者适当性义务：实证研究与完善建议》，载《法学评论》2021 年第 2 期。

③ 参见阳建勋：《我国金融机构惩罚性赔偿责任落空的反思与制度完善》，载《法律科学（西北政法大学学报）》2019 年第 5 期。

④ 参见吴弘：《投资者适当性义务与责任的要件》，载《投资者》2019 年第 4 期。

⑤ 参见吴弘：《投资者适当性义务与责任的要件》，载《投资者》2019 年第 4 期。

诈与缔约过失在构成要件上并非一致,二者最显著的差异在于,缔约过失责任在主观要件上包括故意和过失两种情况,但欺诈的主观要件仅限于故意。然而,如果行为人故意违反先合同说明义务,则可能同时涉及缔约过失责任以及欺诈,此时,当事人可以择一主张。[①] 这实际上是因为,在我国的法律安排中,欺诈对方本身就是缔约过失情形的一种表现。《中华人民共和国民法典》第 500 条(该规定直接从已被废止的《中华人民共和国合同法》第 42 条平移而来)规定:"当事人在订立合同过程中有下列情形之一,造成对方损失的,应当承担赔偿责任……(二)故意隐瞒与订立合同有关的重要事实或者提供虚假情况……""故意隐瞒"与"提供虚假情况"本身就与"欺诈"的内涵相似,之所以会发生此种情况,是因为我国法律上本身就存在欺诈与缔约过失的制度竞合,即两项制度在要件与效果方面重叠。[②] 因此,如果只承认某行为构成缔约过失,而拒绝承认存在欺诈,从逻辑上就与我国现行法无法匹配。具体到金融机构销售金融产品,如果金融机构故意隐瞒金融产品的风险所在或者告知投资者虚假的风险情况,没有履行好向投资者揭示风险的适当性义务,使得投资者购买与自身情况严重不匹配的金融产品,金融机构一方面既可能存在缔约过失,另一方面可能构成欺诈。

二、违反适当性义务参照适用惩罚性赔偿的正当性考量

上一部分通过对法律概念本身的辨析,论证个人投资者是金融消费者,可以受《消费者权益保护法》的保护,而且法理上违法适当性义务也有成立欺诈的可能。本部分从《消费者权益保护法》惩罚性赔偿制度的设立初衷以及资本市场改革现状出发,讨论个人投资者被纳入《消费者权益保护法》保护范围的正当性。

(一)惩罚性赔偿设立目的

在一般的损害赔偿中,法院通常采取"填平为主,惩罚为辅"的态度,因此惩罚性赔偿的适用必有其特别理由。在普通法体系中,惩罚性赔偿的适用不仅宣示了法院对被告行为的不认可,而且意在制止其再犯这种行为,科处惩罚性赔偿金的目的在于"惩罚和制止"不法行为人,但是在我国,消费者保护法中的惩罚性赔偿制度还有一个

---

① 参见陈信勇、叶增胜:《论因过失违反先合同说明义务的责任适用》,载《浙江大学学报(人文社会科学版)》2018 年第 3 期。

② 参见刘勇:《缔约过失与欺诈的制度竞合——以欺诈的"故意"要件为中心》,载《法学研究》2015 年第 5 期。

目的,那就是鼓励消费者同欺诈行为和假货作斗争。[①] 被告可能从其不法行为获得巨大利益,但受害人的损失难以证明,因此受害人可能不愿意为获得较少的赔偿金而起诉,或者因为担心难以举证证明损害的存在而不愿意提起诉讼。在此情况下,通过惩罚性赔偿也可以鼓励受害人为获得赔偿金而提起诉讼。[②]

在资本市场中,投资者所遭受的损害,可能远超普通的生活消费。我国 2019 年修订《证券法》时,专设“投资者保护”一章,以彰显对投资者保护的重视程度,但投资者(尤其是大多数个人投资者)在面对金融机构时,所能调动的资源与机构无法相比。因此,惩罚性赔偿的设立初衷与现有证券领域投资者保护现状相吻合。如若不允许惩罚性赔偿制度的参照适用,难以发挥遏制金融机构恶意推销产品给不适配投资者的冲动,也无法鼓励更多投资者敢于起诉实力对比悬殊的金融机构,惩罚性制度的目的难免有落空的危险。

(二)弥补行政监管的不足

我国金融产品日益呈现出多样化的特点,不同产品的风险差异也较大,如何让合适的投资者找到合适的产品本就是一大难题。仅靠行政监管的力量是难以完全覆盖的。因为行政监管人员数量有限,可市场上的金融机构与产品数量却很多,同时,金融产品创新层出不穷,一些违规产品也可能趁机被投放市场。如果将监管希望都放在监管机构身上,难免有疏漏,投资者权益难以得到周全保护,最终会打击投资者对市场的信心。如果发生了侵害投资者权益的事件,而投资者选择民事诉讼程序维护其权益时,那么该事件在投资者提起民事诉讼时,就已经向社会公开,这也能发挥社会监督效果。[③] 在市场经济下,政府机构的监管和处罚只能起一种拾遗补阙的作用,更多要依靠市场力量来充分发挥作用,鼓励投资者起诉。[④]

超出真实损失的惩罚性赔偿,更容易激励投资者提起民事诉讼,[⑤]弥补行政监管机构人力、物力、财力的限制,降低证券市场的监管成本,也能为监管机构执法提供线索。如果按照《九民纪要》第 77 条的方案,仅将惩罚性赔偿规定在高于同期存款基准利率的利息损失请求部分,其激励效果难免有限。因为按照《九民纪要》第 77 条的方

---

① 参见王卫国:《中国消费者保护法上的欺诈行为与惩罚性赔偿》,载《法学》1998 年第 3 期。

② 参见王利明:《惩罚性赔偿研究》,载《中国社会科学》2000 年第 4 期。

③ 参见范健、王建文:《证券法》(第 3 版),法律出版社 2020 年版,第 292 ~ 293 页。

④ 参见朱锦清:《证券法学》(第 4 版),北京大学出版社 2019 年版,第 230 页。

⑤ See Jane Mallor & Barry Roberts, *Punitive Damages: Toward a Principled Approach*, 50 Hastings Law Journal 969 (1999).

案,投资者能取得的最大惩罚性赔偿额通常是在合同正常履行情况下所能取得的预期收益(或金融机构宣传的收益、按照同期贷款利率计算的金额等),一般情况下这部分惩罚性赔偿与本金相差较远,对投资者的吸引力较弱。这正是本文在前一部分就提出可以参照《消费者权益保护法》第 55 条确定惩罚性赔偿数额的原因,即将本金也纳入惩罚性赔偿计算的考虑范围,以期足够的激励。当然,既然本金也纳入惩罚性赔偿的计算范围,为平衡双方利益,也应对惩罚性赔偿作限制,这正是下一部分所要讨论的内容。

三、违反适当性义务参照适用惩罚性赔偿的限制

违反适当性义务并不意味着要机械地适用"退一赔三"的规定,因为现代市场需要构建的,是经营者与消费者互利共赢的市场秩序,消费者权益的保护必须要以经营者可得控制、义务配置合理为前提,而不是仅仅偏重保护消费者或只保护消费者。[①]双方利益的兼顾意味着参照适用惩罚性赔偿时,需要受到一定限制。

(一)惩罚性赔偿倍数的限制

我国现有《消费者权益保护法》规定了三倍的惩罚性赔偿,其是否可以完全适用于到金融消费者保护领域,尚需讨论。实际上,我国在 20 世纪 90 年代最初制定《消费者权益保护法》时,其惩罚性赔偿额度也并非现有规定的三倍,而是一倍。[②] 之所以提升为三倍,是因为一般的生活消费数额小,如果仅规定一倍的惩罚性赔偿数额,难以发挥遏制经营者违法行为、激励消费者的作用。但是,金融投资数额显然要比普通的生活消费要多,即使只要求赔偿一倍的数额,也足以让惩罚性赔偿制度有发挥作用的空间。比如,金额较大的汽车领域的消费者欺诈,也有学者认为不能机械适用"退一赔三"的规定,否则容易导致双方利益关系的严重失衡,应该以不同的标准计算经营者承担惩罚性赔偿的数额。[③]

因此,在确定违反适当性义务的惩罚性赔偿数额时,应赋予法官一定的自由裁量权。这在我国法律中也有所体现。比如,《消费者权益保护法》第 55 条第 2 款规定,经营者明知商品或者服务存在缺陷,仍然向消费者提供,造成消费者或者其他受害人

① 参见甘强:《重识"消费者"的法律地位》,载《政治与法律》2016 年第 12 期。

② 1993 年《消费者权益保护法》第 49 条规定:"经营者提供商品或者服务有欺诈行为的,应当按照消费者的要求增加赔偿其受到的损失,增加赔偿的金额为消费者购买商品的价款或者接受服务的费用的一倍。"

③ 参见冉克平:《论汽车经销商的缔约欺诈及惩罚性赔偿》,载《广东社会科学》2020 年第 2 期。

死亡或者健康严重损害的,受害人有权要求所受损失二倍以下的惩罚性赔偿,此处的"二倍以下"就是裁量权空间存在的表现。最高人民法院曾就商品房买卖领域的欺诈规定"不超过一倍"的惩罚性赔偿,[①]同样说明法官自由裁量权空间的存在。在确定惩罚性赔偿金额时,可以参考不法行为的严重性、被告获取不法利益的可能性、原告遭受的实际损害、被告的财产状况、被告是否受到刑罚处罚等因素。[②] 对于具体数额的测算,也可以请求专门的投资者保护机构,如中证中小投资者服务中心、中国证券投资者保护基金有限责任公司等予以协助。

另外,目前金融行业正在进行数字化、智能化转型,各类金融创新亦层出不穷。一方面,金融创新确实会带来新的风险和投资者保护问题;另一方面,金融科技、普惠金融等创新也确实为市场所需要,不能一概否决。尤其是要避免打击面过宽而引发市场的"寒蝉效应",最终阻碍创新。对于一些金融创新产品,人们对其性质、风险等的认识本就难以全面,此时如若严格要求金融机构履行适当性义务,不符合"法律不强人所难"的理念。因此,金融创新也应成为法官在行使自由裁量权时考虑的因素之一。

(二)主观构成要件的限制

主观要件在惩罚性赔偿适用中殊为重要,尤其是对于创新迭出的金融市场而言,相比日常生活消费,对于金额更大、法律关系更复杂的金融消费的赔偿责任更应作细密分析。比如,有观点提出消费者保护法中的欺诈行为的民事责任应当被理解为一种无过错责任,[③]但本文在前文就提出,在适用金融领域的惩罚性赔偿时,故意要件不能被忽略。原国家工商行政管理总局(现为国家市场监督管理总局)2015 年制定的《侵害消费者权益行为处罚办法》第 16 条[④]对于"欺诈行为"的认定,弱化行为人主观

---

① 《最高人民法院关于审理商品房买卖合同纠纷案件适用法律若干问题的解释》(2003 年 6 月 1 日生效)第 9 条规定:"出卖人订立商品房买卖合同时,具有下列情形之一,导致合同无效或者被撤销、解除的,买受人可以请求返还已付购房款及利息、赔偿损失,并可以请求出卖人承担不超过已付购房款一倍的赔偿责任:(一)故意隐瞒没有取得商品房预售许可证明的事实或者提供虚假商品房预售许可证明;(二)故意隐瞒所售房屋已经抵押的事实;(三)故意隐瞒所售房屋已经出卖给第三人或者为拆迁补偿安置房屋的事实。"虽然该条规定在 2020 年被删除,但是其允许法官在一倍赔偿款以下自由裁量惩罚性赔偿数额的做法值得借鉴。

② 参见阳庚德:《普通法国家惩罚性赔偿制度研究——以英、美、澳、加四国为对象》,载《环球法律评论》2013 年第 4 期。

③ 参见王卫国:《中国消费者保护法上的欺诈行为与惩罚性赔偿》,载《法学》1998 年第 3 期。

④ 《侵害消费者权益行为处罚办法》第 16 条规定:"第十六条经营者有本办法第五条第(一)项至第(六)项规定行为之一且不能证明自己并非欺骗、误导消费者而实施此种行为的,属于欺诈行为。经营者有本办法第五条第(七)项至第(十)项、第六条和第十三条规定行为之一的,属于欺诈行为。"

故意要件,但在司法裁判中不可照此裁判。[①] 如何认识主观故意要件在惩罚性赔偿适用中的角色,应至少注意以下三个问题。

第一,故意要件涉及过错客观化问题,[②]即内在主观因素需要通过外在客观行为证明其成立。在金融产品或服务的提供过程中,投资者与金融机构都会保有各种书面材料(合同、签署的知情书、确认了解风险的记录等),这些都会成为重要依据。在“舒某铭、西南证券股份有限公司成都天府大道证券营业部合同纠纷案”[③]中,法院认为,欺诈为故意隐瞒重要信息或提供虚假信息,该案中涉及的信托产品并非违法产品,金融机构向投资者销售或推介产品并不存在隐瞒产品违法的问题。从信托合同及其附件可知,合同对信托资金的管理、运用和处分包括投资指令的发出、预警线及止损线的设置、风险控制、信托利益的计算和分配均作出明确约定;合同签订时,投资者作为次级委托人,对信托计划、资金运用方式、信托计划风险承担等均进行了确认。因此,法院认为本案不存在欺诈情形。

第二,在通过客观行为讨论主观要件时,不能仅因为当事人存在错误行为就认定存在欺诈故意。在“孙某诉芬迪(上海)商业有限公司买卖合同纠纷案”[④]中,法院认为,从销售者制作、缝挂衣服中文标签的流程来看,对于产品中文标签上标注的产地与产品水洗标标注的产地不一致的问题,销售者确实存在瑕疵,销售者疏于查验标签才导致消费者对产地来源产生错误认识,此举系经营过程中的错误行为,销售者对此并无主观欺诈故意,不构成欺诈。[⑤] 此案件虽然是一般生活消费,其对欺诈要件的认定却可以予以关注。在违反适当性义务的情形下,同样不能仅因为一些金融机构的瑕疵行为(尤其是一般的程序性行为)而径直认定其构成欺诈故意。例如,金融机构对客户做风险揭示时,对个别非实质信息的印制错误;在对客户信息进行收集以履行“了解客户”义务时,过失漏掉一份普通材料,上述行为虽然也可认为金融机构存在过错,甚至违反某些行政监管规定,但不能单独作为故意要件成立的理由。

第三,在程序法层面的举证责任转换如何安排,也应审慎而行。在日常消费领

---

① 参见韩世远:《消费者合同三题:知假买假、惩罚性赔偿与合同终了》,载《法律适用》2015 年第 10 期。

② 参见高志宏:《惩罚性赔偿责任的二元体系与规范再造》,载《比较法研究》2020 年第 6 期。

③ 四川省成都市中级人民法院民事判决书,(2018)川 01 民终 5287 号。

④ 北京市第二中级人民法院民事判决书,(2011)二中民终字第 21572 号。判决书内容援引自国家法官学院案例开发研究中心编:《中国法院 2013 年度案例:买卖合同纠纷》,中国法制出版社 2013 年版,第 113 ~117 页。

⑤ 同样“将工作失误不认定是欺诈”的看法还体现在“周某燕、湖北万生泓商贸有限公司网络购物合同纠纷案”[浙江省台州市中级人民法院民事判决书(2018)浙 10 民终 183 号]中。在该案中,经营者称工作失误将手表的手动机芯描述为自动机芯,陈述涉案拍卖内容系参考“腕表之家”等专业网站信息而错误描述,存在编辑错误,法院认为不构成欺诈。

域,依据《消费者权益保护法》对消费者特殊保护的立法目的,采用举证责任转换的技术,即不要求消费者举证证明经营者具有"故意",而是要求经营者就自己不具有"故意"举证。[①] 问题在于上述举证责任转换技术是否可以直接适用于适当性义务领域。欺诈有积极欺诈与消极欺诈之分。一方面,在积极欺诈情形下,鉴于双方留存的书面文件等材料较多(这与一般日常消费不同),不需采用举证责任转换技术;另一方面,在消极欺诈情形下,通常需要根据金融机构的不作为(如未充分揭示风险)来证明故意要件的存在,此时投资者通常仅对金融机构负有告知义务等进行初步举证,转由否认该消极欺诈存在的金融机构对其已履行了相关告知等义务进行举证。

(三)求偿投资者自身因素的限制

上文更多是从金融机构角度讨论对惩罚性赔偿适用的限制,但投资者自身因素也可能影响惩罚性赔偿的适用。《九民纪要》就从投资者自身因素的角度提出了两个免责事由。第一个免责事由是投资者故意提供虚假信息、拒绝听取金融机构的建议等自身原因导致其购买产品或者接受服务不适当。第二个免责事由是根据投资者的既往投资经验、受教育程度等事实,适当性义务的违反并未影响投资者作出自主决定(此情形由金融机构举证证明)。[②] 例如,在"侯某莲与中银国际期货有限责任公司、胡某军其他期货交易纠纷案"[③]中,法院认为,《资讯服务调查表》所载的交易经验与专业知识等信息系投资者本人填写并签名,如果投资者签约时故意提供虚假信息,则应承担由此产生的法律后果;综合考虑投资者学历背景、经济状况和风险承受能力,金融机构为其开立期货账户从事期货交易,并无不妥;金融机构还曾劝阻投资者不继续进行期货交易。因此,法院认为不存在金融机构"未履行投资者适当性义务而应承担责任"的情况。

《九民纪要》中的免责事由主要针对的是缔约过失责任,[④]而非欺诈下的惩罚性赔偿。《九民纪要》并未明确规定上述免责事由是否适用于惩罚性赔偿,但从平衡卖方机构与投资者间权利义务[⑤]的角度来看,这两条免责事由同样可以参照适用于惩罚性赔偿,但在参照适用时需要注意以下问题。

---

① 参见梁慧星:《〈消费者权益保护法〉第49条的解释与适用》,载《人民法院报》2001年3月29日,第3版。转引自高志宏:《惩罚性赔偿责任的二元体系与规范再造》,载《比较法研究》2020年第6期。

② 参见《九民纪要》第78条。

③ 上海市高级人民法院民事判决书,(2020)沪民终610号。

④ 参见最高人民法院民事审判第二庭编著:《〈全国法院民商事审判工作会议纪要〉理解与适用》,人民法院出版社2019年版,第432~433页。

⑤ 同上。

投资者可分为个人投资者与机构投资者,也可分为普通投资者与专业投资者。在证券交易市场中还会出现合格投资者的概念,这些概念本身有交叉重叠的地方。机构投资者不属于自然人,不符合消费者的定义,所以在此不适用惩罚性赔偿,此点应无太大争议。问题在于,个人投资者中的合格投资者或专业投资者是否也不参照适用惩罚性赔偿呢?

之所以提出上述问题,是因为"合格投资者或专业投资者"与《九民纪要》所载的第二个免责事由中的"投资者的既往投资经验、受教育程度"相联系,但仅仅有"合格投资者或专业投资者"的身份不能成为免责事由。个人投资者中的合格投资者或专业投资者依然可以要求参照适用惩罚性赔偿。不能仅因为适当性义务与合格投资者规则(普通投资者与专业投资者的分类)在目标上具有相通性,就将二者混为一谈,将合格投资者制度作为适当性义务规则的替代判断,认为只要是专业投资者或合格投资者就自动符合适当性,从而金融机构可以豁免适当性义务。[①] 申言之,即使是面向专业投资者或合格投资者,金融机构也应该履行了解客户、了解产品、风险匹配、风险揭示义务。比如,如果金融机构向投资者故意隐瞒相关风险,依然有构成欺诈的可能。因为即使某个人投资者可以被视为合格投资者或专业投资者,他也仅仅是满足了进场交易的门槛,金融机构仍然负有为其充分揭示风险的责任,否则仍有参照适用惩罚性赔偿的空间。

四、结　　语

在金融创新层出不穷、金融产品日益丰富的今天,投资者适当性作为一项保护投资者的重要制度,其落实需要民事责任制度的参与。对于金融机构违反投资者适当性义务能否参照适用惩罚性赔偿的问题,不能简单给予一概否定的回答,而应该在现行法框架内进行细致讨论,并结合惩罚性赔偿制度设立的初衷、投资者保护现状予以考量。就像正式取消"前置程序"的虚假陈述领域一样,民事责任制度同样应该在适当性义务领域发挥更大的作用,这就需要惩罚性赔偿制度的激励。个人投资者可以被视为受消费者法保护的金融消费者,金融机构故意违反适当性义务也可能构成欺诈,因此有参照适用惩罚性赔偿的空间。当然,为防止利益失衡引发市场上的"寒蝉

① 参见黄辉:《金融机构的投资者适当性义务:实证研究与完善建议》,载《法学评论》2021 年第 2 期。

效应”,不能机械适用消费者权益保护法下的“退一赔三”的规定:第一,应当参考不法行为的严重性、被告获取不法利益的可能性、原告遭受的实际损害、被告的财产状况、被告是否受到刑罚处罚等因素,合理确定惩罚性赔偿的数额;第二,应认真对待主观构成要件的认定,在程序法层面的举证责任转换如何安排,应审慎而行;第三,从投资者自身因素考虑是否可对赔偿责任进行相应减免,以避免惩罚性赔偿的不当或超比例适用。

证券虚假陈述中董监高的“内部人”民事责任

张志旺*

摘　要:《关于审理证券市场虚假陈述侵权民事赔偿案件的若干规定》提出了“内部人”及“内部人责任”的意见。包括独立董事在内的董事、监事、高级管理人员(以下简称董监高)是“内部人”,在公司信息披露过程中履行的是职务行为。虚假陈述是一种侵权行为,董监高因公司虚假陈述向投资者承担民事责任,背后是“突破了传统民法关于职务行为免于对外承担个人责任的原则”。因此,应当基于董监高职务行为及“内部人”义务来确定其民事责任:违反忠实义务的承担完全连带赔偿责任;违反勤勉义务的承担部分连带赔偿责任。

关键词:虚假陈述　董监高　勤勉义务　部分连带赔偿责任

在“康美药业投资者特别代表人诉讼证券虚假陈述责任案”(以下简称康美药业案)中,法院判决康美药业需向52,037名投资者赔偿24.59亿元,19名康美药业的高管包括独立董事需承担全部或部分连带赔偿责任。因赔偿金额巨大,涉及高管众多,在资本市场上引发了强烈反应。本文旨在对上市公司董监高在虚假陈述中的民事责任承担事宜,作一些探讨。

一、司法实践中董监高的民事责任及意见分歧

早在康美药业案之前,一些上市公司董监高在证券虚假陈述案件中已经作为被

* 浙江六和(宁波)律师事务所高级合伙人,中证资本市场法律服务中心宁波调解工作站兼职调解员。

告并被法院判决承担民事责任,更有不少案件以私下和解的方式处理。[①] 司法实践中董监高如何承担民事责任,不同法院有不同理解。根据笔者办理的案件和公开的裁判文书,整理典型性案例如表 1 所示:

表 1　董监高责任承担案例汇总

序号	时间	审理法院	被告上市公司	案号	责任承担方式
1	2021 年 12 月 31 日	广东省广州市中级人民法院	欧浦智网	(2021)粤 01 民初 1552 号	5%、10%、15% 范围内承担连带赔偿责任
2	2021 年 12 月 27 日	山东省济南市中级人民法院	济南高新	(2021)鲁 01 民初 1694 号	董监高:连带赔偿责任; 部分监事、高管:不承担责任; 独立董事:不承担责任
3	2021 年 11 月 25 日	山东省高级人民法院	亨达股份	(2020)鲁民终 3132 号	董事及个别监事:连带赔偿责任; 监事:50% 的连带赔偿责任; 独立董事:5% 范围内承担连带赔偿责任; 个别董事、监事:不承担责任
4	2021 年 11 月 12 日	广东省广州市中级人民法院	康美药业	(2020)粤 01 民初 2171 号	部分董事监事:连带赔偿责任; 部分董事监事:20% 范围内承担连带赔偿责任; 独立董事:5% 或 10% 范围内承担连带赔偿责任
5	2021 年 9 月 30 日	福建省高级人民法院	福建众和	(2021)闽民终 540 号	董事及财务总监:连带赔偿责任; 监事:补充赔偿责任,3%
6	2021 年 7 月 30 日	上海金融法院	中安科	(2019)沪 74 民初 2509 号	董监高在 2% 的范围内承担连带责任
7	2020 年 11 月 26 日	云南省高级人民法院	昆机公司	(2020)云民终 1221 号	部分董监高:连带赔偿责任
8	2020 年 8 月 28 日	云南省昆明市中级人民法院	罗平锌电	(2018)云 01 民初 2550 号	董事长:承担连带赔偿责任; 其他董监高:不承担责任

① 如笔者前几年代理投资者诉某上市公司及其高管证券虚假陈述责任案件中,庭审结束后,上市公司代理人主动与笔者协商,让我当事人撤回诉讼,以其他途径和方式赔偿投资者损失。

续表

序号	时间	审理法院	被告上市公司	案号	责任承担方式
9	2018 年 6 月 27 日	江苏省南京市中级人民法院	海润公司	(2016)苏 01 民初 539 号	董事:连带赔偿责任; 独立董事:在 10% 范围内承担补充赔偿责任
10	2018 年 5 月 17 日	江苏省南京市中级人民法院	协鑫集成	(2016)苏 01 民初 2066 号	独立董事:在 10% 范围内承担补充赔偿责任

在上述案例中,法院均以董监高未履行忠实义务或勤勉义务为由确定董监高的民事责任,其中对部分董监高,包括监事和独立董事未履行勤勉义务的情形,法院判决有的承担全部连带责任,有的承担部分连带责任,有的承担补充赔偿责任,甚至有的不承担任何赔偿责任。这里至少有三个问题,一是《中华人民共和国证券法》(以下简称《证券法》)①第 85 条明确规定,除非能够证明自己没有过错,否则董监高需要承担连带赔偿责任,且不分全部和部分连带责任。② 二是董监高未履行勤勉义务是一种不作为,且与信息披露义务人没有形成虚假陈述的合意,如果视为共同侵权,承担连带赔偿责任缺乏法理基础。三是董监高因未履行勤勉义务承担补充赔偿责任,没有法律依据和法理基础。③

二、虚假陈述中董监高的"内部人"身份和地位

"《证券法》第 85 条对发行人的责任规定为无过错责任,对发行人的控股股东、实际控制人、董监高等内部人规定了过错推定责任;第 163 条对证券服务机构规定了过错推定责任。"④2022 年 1 月最高人民法院发布并施行的《关于审理证券市场虚假陈述侵权民事赔偿案件的若干规定》(以下简称新《虚假陈述司法解释》),指出了董监

① 非特别注明,文中《证券法》均指 2019 年《证券法》。

② 《证券法》第 85 条规定,信息披露义务人未按照规定披露信息,或者公告的证券发行文件、定期报告、临时报告及其他信息披露资料存在虚假记载、误导性陈述或者重大遗漏,致使投资者在证券交易中遭受损失的,信息披露义务人应当承担赔偿责任;发行人的控股股东、实际控制人、董事、监事、高级管理人员和其他直接责任人员以及保荐人、承销的证券公司及其直接责任人员,应当与发行人承担连带赔偿责任,但是能够证明自己没有过错的除外。2019 年修订之前的《证券法》也作了相同规定。

③ 李志刚、邹宇等:《证券虚假陈述纠纷中独立董事的赔偿责任:案例、法理与制度完善》,载《人民司法》2022 年第 1 期。

④ 林文学、付金联、周伦军:《〈关于审理证券市场虚假陈述侵权民事赔偿案件的若干规定〉的理解与适用》,载《人民司法》2022 年第 7 期。

高等“内部人”身份,并且认为《证券法》第 85 条(董监高负赔偿责任)这一立法规定,“突破了传统民法关于职务行为免于对外承担个人责任的原则,其规范意旨在于以连带责任的方式为受害人提供更为充分的保护”①。

本文认为,这同时澄清和明确了一个观点:信息披露行为人是上市公司(发行人),相应地虚假陈述行为人是上市公司(发行人),而上市公司(发行人)的董监高不是虚假陈述行为人,只是因履行职务存在过错而成为责任主体,应当承担的是“内部人”责任,但是为了“为受害人提供更为充分的保护”,法律规定该“内部人”需要向外承担责任。

(一)虚假陈述行为人是上市公司(发行人)而不是董监高

2019 年《证券法》第 78 条规定:“发行人及法律、行政法规和国务院证券监督管理机构规定的其他信息披露义务人,应当及时依法履行信息披露义务。”接下来的 2019 年《证券法》第 79 条、第 80 条和第 81 条,分别对发行人(上市公司)的定期报告和临时报告(重大事件披露)作出了规定。《上市公司信息披露管理办法》第 12 条则直接指明上市公司是信息披露义务人。② 对信息披露违法违规案件,证监会作出的行政处罚决定书格式及内容一般是:第一,上市公司(或发行人)的违法事实(披露的信息虚假记载、重大遗漏、误导性陈述);第二,董事、监事和高级管理人员履职相关情况;第三,“我会认为”部分,认定上市公司(或发行人)及相关董监高的行为违法违规;第四,处罚结果。③

从上述法律条文及证监会行政处罚书的内容来看,上市公司(发行人)作为信息披露义务人同时是虚假陈述行为人,其虽是拟制主体,但具有民事权利能力和民事行为能力,依法独立享有民事权利和承担民事义务,当然也是责任主体。至于董监高,履行的是内部“确认”和“审核”职责④,自然不可能成为信息披露虚假陈述行为人,其因虚假陈述被处罚的原因及依据是基于上市公司(发行人)的直接主管的责任人及其他直接责任人员的身份而不是信息披露人的身份。

---

① 李志刚、邹宇:《证券虚假陈述纠纷中独立董事的赔偿责任:案例、法理与制度完善》,载《人民司法》2022 年第 1 期。

② 《上市公司信息披露管理办法》第 12 条规定:“上市公司应当披露的定期报告包括年度报告、中期报告。凡是对投资者作出价值判断和投资决策有重大影响的信息,均应当披露。”

③ 中国证监会〔2020〕24 号行政处罚决定书(康美药业股份有限公司、马某田、许某瑾等 22 名责任人员)。

④ 《证券法》第 82 条第 1 款、第 2 款规定:“发行人的董事、高级管理人员应当对证券发行文件和定期报告签署书面确认意见。发行人的监事会应当对董事会编制的证券发行文件和定期报告进行审核并提出书面审核意见。监事应当签署书面确认意见。”

(二)上市公司(发行人)是直接侵权人而董监高不是

法学理论、立法和司法实践,均确定了虚假陈述是一种侵权行为。从侵权行为角度来看,上市公司(发行人)是直接侵权人而董监高不是,董监高至多是间接侵权人。

"虚假陈述"在《布莱克法律辞典》中的释义是"在口语中,它被理解为某种用于欺诈或者误导的陈述"①。最高人民法院新司法解释起草人认为:《证券法》第 85 条和第 163 条规定了虚假陈述的民事责任,其法源依据应当溯源至《中华人民共和国民法典》第 1165 条关于"行为人因过错侵害他人民事权益造成损害的,应当承担侵权责任。依照法律规定推定行为人有过错,其不能证明自己没有过错的,应当承担侵权责任"的规定,是侵权责任。② 我国的民事案件案由编排体系,是根据当事人诉争的法律关系性质确定的。其中三级案由是"证券欺诈责任纠纷",四级案由是"证券虚假陈述责任纠纷"。从上述案由的区分来看,证券欺诈也是一种侵权行为产生的法律关系,所以"处理证券欺诈责任纠纷还应结合《侵权责任法》……的相关规定来处理"。③早在 2016 年,最高人民法院在"宝安鸿基证券虚假陈述责任纠纷再审案"中,也明确证券虚假陈述是一种侵权行为。④

既然虚假陈述是一种侵权行为,那么作为信息披露主体的上市公司(发行人)自然是侵权人,但董监高作为"内部人"不能被视为侵权人,至少不是直接侵权人。在引人注目的康美药业案中,有两位高管(总经理助理)在年报和半年报审议中投了赞成票,被证监会认定为康美药业信息披露违法行为的其他直接责任人员,而受到行政处罚⑤。然而在投资者提起的证券虚假陈述责任纠纷诉讼案件中,广州市中级人民法院认为,上述两位高管没有在对外披露的年报和半年报上签字,虽然被证监会行政处罚但其不属于虚假陈述行为人,所以不需承担民事责任。⑥ 该判例虽然在新《虚假陈述司法解释》出台前作出,但揭明了"内部人"身份及其责任。从行政监管层面来说,

---

① 杨旭、何积华:《证券虚假陈述民事案件裁判规则研究》(第 1 版),北京大学出版社 2018 年版,第 12 页。

② 参见林文学、付金联、周伦军:《〈关于审理证券市场虚假陈述侵权民事赔偿案件的若干规定〉的理解与适用》,载《人民司法》2022 年第 7 期。

③ 景汉朝:《民事案件案由新释新解与适应指南》(下册),中国法制出版社 2018 年版,第 1013 页。

④ 参见最高人民法院(2016)最高法民申 502 号《林某英与宝安鸿基地产集团股份有限公司证券虚假陈述责任纠纷申请再审民事裁定书》:"本院认为,根据《最高人民法院关于贯彻执行〈中华人民共和国民法通则〉若干问题的意见(试行)》(以下简称民通意见)第 68 条的规定:'一方当事人故意告知对方虚假情况,或者故意隐瞒真实情况,诱使对方当事人作出错误意思表示的,可以认定为欺诈行为'。据此,虚假陈述行为与投资者的投资决定之间存在因果关系,是证券投资欺诈的成立要件之一。"

⑤ 中国证监会〔2020〕24 号行政处罚决定书(康美药业股份有限公司、马某田、许某瑾等 22 名责任人员)。

⑥ 广州市中级人民法院民事判决书,(2020)粤 01 民初 2171 号。

“内部人”因履行职责不当需要承担行政责任;但从民事侵权层面来说,“内部人”是否属于侵权人有所区别。

(三)关于独立董事的身份和地位

独立董事与其他董监高有不同的职责,独立董事对某些议案和事项需发表事前认可意见或单独发表意见。但不论独立董事如何“独立”,其仍然是公司聘任的,属于公司董事会成员,同样属于公司的“内部人”。独立董事发表事先认可意见或单独发表意见,仍然是一种职务行为。

同时,独立董事的职责相对于其他董监高来说,起到外部监督的作用。具体表现为独立董事对某些议案和事项需发表的事前认可意见或单独发表的意见,是针对上市公司(发行人)的文件作出的。按照举重以明轻的法律解释方法,独立董事身份和地位并不高于其他董监高,相应的责任也应当低于其他董监高。[①]

三、董监高在信息披露中的“内部人”义务及在虚假陈述中的责任

“因民事责任与民事权利义务之密切关系,民事权利义务之违反即发生民事责任。”[②]虚假陈述是一种侵权行为,上市公司(发行人)是直接侵权人且承担无过错责任,而董监高作为“内部人”而不是对外直接侵权人根据其过错承担责任,那么实践中应当基于是否尽到“内部人义务”来确定董监高具体的民事责任。

(一)董监高在信息披露中的“内部人”义务

王保树教授等称,“董事负有勤勉和诚实的义务和责任”[③];梁慧星教授认为,我国民法继受大陆法系民法及苏联民法思想,严格区分民事义务和民事责任两个概念。[④]《中华人民共和国公司法》规定了公司董监高负有忠实义务和勤勉义务,对于法律责任则另列一章,即义务是义务,责任是责任,上海和深圳证券交易所各自发布的《股票上市规则》细化了董监高勤勉义务和忠实义务的内容,勤勉和忠实也是董监高作为“内部人”履行义务的准则。因此,本文思路是基于忠实义务和勤勉义务来论述董监高的“内部人”责任,即梁慧星教授讲的“民事权利义务之违反即发生民事

---

① 参见林文学、付金联、周伦军:《〈关于审理证券市场虚假陈述侵权民事赔偿案件的若干规定〉的理解与适用》,载《人民司法》2022年第7期。

② 梁慧星:《民法总论》,法律出版社1996年版,第77页。

③ 王保树、崔勤之:《中国公司法原理》,社会科学文献出版社2000年版,第113页。

④ 参见王保树、崔勤之:《中国公司法原理》,社会科学文献出版社2000年版,第75~76页。

责任”。

上市公司(发行人)董监高对信息披露所负的忠实和勤勉义务就是保证信息披露的真实性、准确性、完整性、及时性和公平性。在信息披露违法违规案件中,董监高违背忠实义务和未履行勤勉义务大致分两类情形。

第一类情形,是上市公司(发行人)实际控制人、控股股东或法定代表人,绕过董事会和股东会,实施背信损害上市公司利益的行为后又刻意掩盖而违背了忠实义务;部分董监高基于职位应当知道但未报告而违反勤勉义务;部分董监高客观上无法得知而不视为未尽勤勉义务。如宁波某上市公司原法定代表人龚某某违反《印章使用管理制度》的规定,且在未经董事会、股东大会审议通过的情况下,向他人出具一份盖有公司公章及其本人签名的《担保函》,董事胡某应当知悉上述担保事项但未向董事会及其他董事、监事、高级管理人员报告,该上市公司也未及时在临时报告、定期报告中披露上述重大担保事项而构成虚假陈述。证监会在《行政处罚事先告知书》中,不仅拟对龚某某和胡某进行处罚,而且认为其他董监高也未尽勤勉义务而拟进行处罚,最终的行政处罚决定书中认定龚某某违反忠实义务,胡某违反勤勉义务,但对其他董监高未尽勤勉义务的行为及其责任不再认定。①

第二类情形,是上市公司(发行人)董事长直接组织、策划、领导实施信息披露违法行为;某些董监高被授意具体组织和实施违法行为;某些董监高应当知道拟披露信息虚假而未发现;某些董监高则发现拟披露信息虚假或对拟披露信息真实性怀疑而在审议表决中反对或弃权。如原天业股份(现更名为济南高新)信息披露违法违规案件中,证监会认为,组织、策划、领导者及被授意实施者被视为违反了忠实义务,而应当知道信息虚假而未发现者被视为违反了勤勉义务。②

(二)董监高的忠实义务及法律责任

忠实义务,首先它有巨大的道德含义;其次它是一种“内部人”义务,尤其是现代企业制度下的股份制公司,所有权和经营权分离,董监高背负信托责任,履行忠实义务是运作公司治理机制的基石。但一些实际控制人利用担任上市公司高管的职务便利,肆意侵害上市公司及广大股东的权益。一些董监高虽不是以损害上市公司利益为出发点,但组织、策划、领导或被授意实施虚假信息披露行为,损害了中小股东的知

① 中国证监会处罚字〔2017〕140号《行政处罚及市场禁入事先告知书》、〔2019〕123号《行政处罚决定书》、北京市高级人民法院(2021)京行终4703号《胡某与中国证券监督管理委员会二审行政判决书》。

② 中国证监会〔2019〕109号《行政处罚决定书》、证监会公告〔2016〕31号《市场禁入决定书》。

情权和公平交易权，同样违背了忠实义务，其行为同样具有故意性和主观恶性。董监高违背忠实义务的行为，行政责任方面不仅被处罚还往往被采取市场禁入措施；刑事上被追究背信损害上市公司利益罪、职务侵占罪、挪用资金罪和违规披露、不披露重要信息罪等，那么在民事上需要承担全部连带赔偿责任，不仅有道德基础而且有法理基础，也是新《虚假陈述司法解释》提出“追首恶”的应有之义。比如，在财务造假活动中，“首恶”是指发行人的董事、经理、财务负责人等核心高管团队。[①] 前文提及的“济南高新证券虚假陈述案”中，与财务职责相关又明知故犯的董监高均被判决承担全部连带赔偿责任。新《虚假陈述司法解释》第 20 条第 1 款规定，在原告起诉请求直接判令相关控股股东、实际控制人依照本规定赔偿损失的，人民法院应当予以支持，免却嗣后追偿诉讼的诉累。

（三）董监高的勤勉义务及法律责任

董监高对拟披露信息的审核和确认是一种内部职务行为，履行该内部职务时，“作为董事、监事和高级管理人员，应当了解并持续关注上市公司的生产经营情况、财务状况和已经发生或者即将发生的重大事件及其影响，应当保持职业敏感态度，积极主动报告有关事项”。[②] 这是董监高勤勉义务的内容之一，且与忠实义务一样，是一种积极义务。[③] 因“作为”而侵害他人权利时，成立侵权行为。“不作为”原则上并不构成侵权行为。“不作为”要成立侵权行为，须以作为义务的存在为前提，此有基于契约，亦有基于法律。[④] 这是董监高未履行勤勉义务而承担责任的法理基础之一。

不过就承担什么样的侵权责任而言，需分析行为人未尽勤勉义务行为本身在信息披露违规过程中所起的作用与过错程度，该过错与损害后果的因果关系及我国民事赔偿立法的价值取向。

第一，董监高未尽勤勉义务的行为，在虚假信息的形成及披露的整体行为中，起到了辅助性的作用，过错相对较小。与违背忠实义务不一样，未履行勤勉义务的“不作为”行为本身，并不会产生虚假信息，而是董监高对本身就存在虚假的信息怠于审核或审核不当进而没有发现其存在的问题，错误地予以确认并同意披露。即使发现

① 参见林文学、付金联、周伦军：《〈关于审理证券市场虚假陈述侵权民事赔偿案件的若干规定〉的理解与适用》，载《人民司法》2022 年第 7 期。

② 中国证监会〔2019〕123 号《行政处罚决定书》。

③ 《上海证券交易所股票上市规则（2022 年 1 月修订）》和《深圳证券交易所股票上市规则（2022 年修订）》的 4.3.5 条款均规定，上市公司董事应当积极作为，对公司负有忠实义务和勤勉义务。上市公司监事和高级管理人员应当参照前款规定履行职责。

④ 参见王泽鉴：《侵权行为法》（第 1 册），中国政法大学出版社 2001 年版，第 92 ~ 94 页。

了,监事、独立董事及其他不分管信息形成及披露的董监高对虚假信息也没有直接纠正权(只有提议权及监督权)。也就是说,对虚假信息的形成及披露的整体行为而言,董监高未尽勤勉义务的行为,具有从属性和辅助性。如前文引用的宁波某上市公司原法定代表人龚某某私自以公司名义违规担保案例,证监会认为,董事胡某应当知道龚某某的违法行为而不报告,对龚某某的违法行为和公司信息披露违规行为的发生起到了协助作用。

第二,董监高未尽勤勉义务的行为,主观上疏忽大意或过于轻信,客观表现为董监高没有发现信息的虚假性或发现了没有及时积极报告,所以与虚假陈述行为的发生,具有间接的因果关系。

第三,我国民事赔偿制度特别强调对受害人的救济。"中国的《侵权责任法》表现出自己的特别价值取向,也就是在行为人自由的保障与受害人救济的权衡上,中国的侵权法律制度更加关注对受害人提供充分的救济,为达这一目的甚至不惜以扩大承担责任的主体范围和牺牲承担责任上的正当性和合理性基础为代价。"[①]这或许也是新《虚假陈述司法解释》"突破了传统民法关于职务行为免于对外承担个人责任的原则,其规范意旨在于以连带责任的方式为受害人提供更为充分的保护"的司法理念。

公司虽然作为信息披露义务主体,但仅仅是法律拟制主体,董监高是信息披露的"关键少数人"。[②] 不论是根据王泽鉴教授提出的义务责任论,还是侵权责任要件说,或是《证券法》及其司法解释,董监高未尽勤勉义务理应承担赔偿责任。尽管 2019 年《证券法》没有区分董监高的忠实义务和勤勉义务所对应的责任,甚至第 85 条规定"……应当与发行人承担连带赔偿责任,但是能够证明自己没有过错的除外"。但是,虚假陈述既然是一种侵权行为,侵权法律制度就应是对董监高评判民事责任依据之一。新《虚假陈述司法解释》第 14 条规定:"人民法院应当根据其工作岗位和职责、在信息披露资料的形成和发布等活动中所起的作用、取得和了解相关信息的渠道、为核验相关信息所采取的措施等实际情况进行审查认定。"就体现了侵权责任理论。董监高未尽勤勉义务,虽有过错,但具有过失性,对信息披露违法行为的发生是辅助性的和间接性的,这与违背忠实义务有明显区别,其所承担的赔偿责任,也应当与违背

---

① 薛军:《走出监护人"补充责任"的误区——论〈侵权责任法〉第 32 条第 2 款的理解与适用》,载《华东政法大学学报》2010 年第 3 期。

② 中国证券报:《上市公司信披管理办法紧盯"关键少数"》,载中国经济网 2020 年 7 月 26 日,http://finance.ce.cn/stock/gsgdbd/202007/26/t20200726_35397556.shtml。

忠实义务承担全部连带赔偿责任相区别,即应承担部分连带赔偿责任。

(四)董监高的"保真义务"及其责任

上市公司发布的公告均醒目载明:"本公司及董事会全体成员保证信息披露的内容真实、准确、完整,没有虚假记载、误导性陈述或重大遗漏。"2019 年《证券法》第 82 条第 3 款规定:"发行人的董事、监事和高级管理人员应当保证发行人及时、公平地披露信息,所披露的信息真实、准确、完整。"有人称之为董监高的"保真义务"[①]。的确,从字面理解,这似乎是董监高作出的一种"保真"承诺。但本文认为不能将其理解为一种"保真承诺"或"保真义务"。

第一,证券法中的过错与民法上的过错含义不同,二级市场上的虚假陈述,发行人与交易的投资者之间没有合同关系,不能完全以合同义务来确定责任。[②] 作为董监高,与投资者之间更没有契约关系。发行人作出虚假陈述,违反的是信息披露制度,而不是违背合同义务;虚假陈述是一种侵权行为,而不是合同违约行为。

第二,如果理解成是一种承诺,董监高除了法定的勤勉义务和忠实义务之外,还要履行契约义务。这显然与虚假陈述民事赔偿责任的理论基础——推定信赖原则相违背。投资者因虚假陈述受到损害而主张赔偿,其中一个前提是投资行为与虚假陈述之间存在交易上的因果关系。通俗地讲,不论投资者是否看到过董监高的"保真"承诺及上市公司公告,不论其是否理解公告内容,一旦公告内容被认定是虚假的,那么自公告发布之日起发生的交易,均被推定为因虚假公告而被欺诈,投资者无须证明自己是否看到过虚假公告,也无须证明自己对虚假公告如何理解,这就是推定信赖原则。该原则是出于保护投资者的目的确立的,也是虚假陈述赔偿责任的理论基石之一。

第三,与其说是"保真义务",还不如说是董监高保证"在审查和核实拟披露信息过程中尽到了忠实义务和勤勉义务"。也就是说,不论是《证券法》2019 年的"保证"规定,还是披露的公告上作出的保证承诺,保证承诺的对象应该是董监高的履职行为而非履职结果。所以,"保真义务"最终还是忠实义务和勤勉义务。可以印证该观点是,中新科技(603996)相关董监高(包括独立董事)对年报不保真,但未按相关规定在书面确认意见中发表明确、充分、具体的意见并陈述理由,而被证券交易所认定为

① 参见上海证券报:《新证券法中董监高对信息披露的"保真"义务》,载中国证券网 2020 年 7 月 15 日,https://news.cnstock.com/paper,2020-07-15,1345834.htm。

② 参见林文学、付金联、周伦军:《〈关于审理证券市场虚假陈述侵权民事赔偿案件的若干规定〉的理解与适用》,载《人民司法》2022 年第 7 期。

未尽勤勉义务而遭纪律处罚。[①]

本文围绕忠实义务和勤勉义务的大框架就承担责任方式展开论述,至于何为董监高的忠实义务和勤勉义务,未尽到勤勉义务承担的责任比例或是否确定一个限额及尽到勤勉义务的衡量标准等,也是理论界和司法实践中争议的话题,限于篇幅本文不再展开。

① 上海证券交易所纪律处分决定书〔2021〕20号。

论公司强制股份转换中的少数股东保护

吴英志*

摘　要：鉴于企业并购交易属于公司组织结构重大变更之组织行为与交易行为，其变更影响公司少数股东权益甚巨，故应如何立法设计调和相关的利益冲突以减少并购交易争议发生，一向为企业并购交易中少数股东权益强化保护不可或缺的机制。公司强制股份转换属于类似合并的股权收购行为，具有类似挤出式合并强制逐出少数股东与上市公司合并私有化下市之效果，故应于公司强制股份转换交易过程中建立起利益冲突回避、资讯强制揭露、受托人义务与责任设计以及异议股东评估权行使程序设计，以调和控制股东与少数股东之间、管理阶层与少数股东之间的利益冲突，进而全面强化公司强制股份转换中少数股东权益保护。

关键词：股份转换　控制股东　挤出式合并　私有化下市　异议股东评估权

一、前　　言

收购公司为降低现金对价成本支出、掌握目标公司控制权或取得目标公司有价值资产，通过以股份作为交易对价换取目标公司股份与资产的换股并购行为①达到并购目的。我国常见换股并购模式主要为"上市公司换股吸收合并模式"（Stock Swap Statutory Merger）、"协议收购股权的换股合意收购股权模式"（Stock-for-Stock Acquisition）与"发行股份购买资产的换股合意收购资产模式"（Stock-for-Asset）。

---

* 清华大学法学院商法博士研究生。

① 参见朱慈蕴：《全球化与本土化互动中的公司制度演进》，法律出版社 2015 年版，第 382 页。

所谓公司强制股份转换,[①]系由收购公司对目标公司股东交付收购公司所增发的新股以换取目标公司股东所持有的全部目标公司股份,使收购公司成为目标公司的控股公司(以下简称股份转换全资母公司),目标公司股份则全数为收购公司所持有,目标公司自交换成立日后即成为收购公司 100% 持股的子公司(以下简称股份转换全资子公司)。该制度的创设目的在于使收购公司更简易地一步式创设全资母子控股公司与共同控股公司架构以完全掌握目标公司控制权与保留目标公司的上市地位、法人格地位及其他资格,[②]该种并购交易类型又可细分为公司强制股份交换、公司强制股份移转、共同强制股份移转、简易股份转换与非对称式股份转换等多元公司股份转换模式。

此外,公司强制股份转换系根据类似合并的法定决策程序,由并购公司强制收购目标公司 100% 股份以完成双方公司股权交换行为,交换成立日后发生双方公司组织再造的企业结合效果,故其并购行为性质属于类似合并的股权交换行为。[③] 同时,当公司强制股份转换议案经并购双方公司股东会议决通过后,目标公司少数股东如同合并消灭公司少数股东一般,仅可向目标公司提出异议股东股份回购请求或被迫强制接受并购公司收购而将其在目标公司的持股转换成并购公司股份,即目标公司股东仅能被迫出售手中所持所有目标公司股份而无法继续持有目标公司股份,产生被迫退出目标公司的效果。[④]

职是之故,当企业进行先为过半股权收购,后为公司强制股份转换的二阶段并购时,即会发生类似挤出式合并(freeze-out merger)的法律效果,迫使目标公司少数股东被强制逐出(squeeze-out),进而衍生出应如何全面保护公司强制股份转换中少数

---

① 参见王志诚:《企业组织重组法制》,北京大学出版社 2008 年版,第 115 ~ 116 页;刘俊海:《现代公司法》(第 2 版),法律出版社 2011 年版,第 610 页;楼晓、王晓波:《股份交换制度与传统公司法理念的冲突和协调》,载《中共青岛市委党校青岛行政学院学报》2008 年第 3 期;李文华:《股份交换中适用异议股东回购请求权制度的合理性分析》,载《兰州大学学报(社会科学版)》2006 年第 6 期。

② 参见廖大颖:《论股份转换与控股公司法制之实质规范》,载《成大法学》2003 年第 5 期。

③ 参见蔡英欣:《谈日本商法新修正案与发展动向》,载《月旦法学》1999 年第 55 期。

④ See F. Hodge O'Neal and Robert B. Thompson, § 5:9. Compulsory share exchange, O'Neal and Thompson's Oppression of Minority Shareholders and LLC Members, 2020; Corporate Acquisitions, Mergers and Divestitures, § 4:4. Types of tax-free acquisitions—Stock-for-stock transaction, 2020; Stephen A. Hess, § 6:10. Corporate procedures for an acquisition—Stock acquistion, West's Colorado Practice Series TM, 2021.

股东免于不公平侵害的立法设计与司法实践争议。① 例如,应如何透过利益冲突回避、资讯强制揭露与受托人义务与责任等设计以避免目标公司少数股东受到控制股东不当压迫(oppression)与管理阶层有悖于受托人义务侵害;应如何通过异议股东评估权行使程序设计使少数股东退出公司时受到合理补偿保障②等。

2021 年《中华人民共和国公司法(修订草案)》向社会公开征求意见之际,倘若我国日后欲于《中华人民共和国公司法(修订草案)》中增订公司强制股份转换的法律规制以弥补我国企业并购途径的不足,当有从利益冲突回避、资讯强制揭露、受托人义务与责任及异议股东评估权等多方面进行立法设计之必要,以调和控制股东与少数股东之间、管理阶层与少数股东之间的利益冲突,进而实现企业并购交易中少数股东权益免于受到不公平侵害的目标。

二、公司股份转换中利益冲突回避、资讯揭露与受托人义务

如前所述,并购实务中时见并购公司透过二阶段并购模式:先收购目标公司 51%、67% 或 90% 以上股权,成为目标公司控制股东;后派任并购公司董事成为目标公司董事,推动并购公司与目标公司之间股份转换,并辅以现金逐出并购模式强迫目标公司异议少数股东出售股份,完成目标公司 100% 股权收购。然而,有疑问的是,并购公司除属于目标公司的交易对手方外,另通过成为目标公司控制股东而掌握控制权模式,发动目标公司挤出式并购交易,该等控制股东自我交易行为(self-dealing)是否会对反对并购交易的目标公司异议少数股东产生过度压迫与不公平的情形?这引发了众多实务与学说之间的争论。为适度调和目标公司控制股东与少数股东之间利益冲突并防止目标公司控制股东过度压迫少数股东,美国法院判决实务③从控制股东追求并购交易效率、控制股东负有受托人义务与责任及并购交易利益冲突适度回避等综合角度考虑,提出目标公司控制股东与少数股东之间的不同利益冲突审查标准。

---

① See JP Haskins, *Whose Harm Is It Anyway?—The Feasibility of Direct Claims by Minority Shareholders Following Cash-Out Mergers in Texas Corporations*, 68 Baylor L. Rev. 567(2016); Laurie N. Lebrun, *Recent Amendments to the Commercial Code of Japan: Impact on Merger & Acquisitions*, 32 Law and Policy in International Business 811 (2001).

② 参见李文华:《股份交换中适用异议股东回购请求权制度的合理性分析》,载《兰州大学学报(社会科学版)》2006 年第 6 期。

③ See Daniel Wilson, *Desirable Resistance: Kahn v. M&F Worldwide and the Fight for the Business Judgment Rule in Going-Private Mergers*, 17 U. Pa. J. Bus. L. 643(2015).

我国论者结合《中华人民共和国公司法》(以下简称《公司法》)关于董事忠实义务、勤勉尽责义务与控制股东关联交易禁止与滥用股东权禁止的法律规范及《中华人民共和国证券法》(以下简称《证券法》)与《上市公司收购管理办法》关于上市公司私有化下市的少数股东保护规范,提出当控制股东发动挤出式合并或并购私有化下市时,应如何强化目标公司少数股东保护的立论,当可作为我国股份转换中少数股东与控制股东发生利益冲突时,进行立法保护的方向。

(一)长式并购(Long-Form Merger & Acquisition)的利益冲突审查

综观美国并购交易实务发展可知,由于并购公司多半透过二阶段并购模式成为目标公司控制股东并派任并购公司法人董事同时担任目标公司董事职务的方式,完成目标公司的收购或合并。该等由目标公司控制股东所选任董事对于目标公司少数股东同时负有董事受托人义务与责任,是否亦可受董事经营判断法则(business judgement rule)保护①,引发了美国法院裁判实务不同见解。

在美国特拉华州最高法院 1983 年"Weiberger v. UOP, Inc."判决中,法院为衡平审查控制股东为追求并购效率而为自利交易行为与少数股东恐被强制挤出而所受不公平侵害保护的利益冲突,舍弃美国特拉华州最高法院 1977 年"Singer v. Magnavox"判决所建立商业目的测试原则(business purpose)②,提出整体公平标准(entire fairness)。其判决要旨认为,③当并购公司已取得目标公司 2/3 以上股份而成为在目标公司中具有控制力的大股东并指派并购公司董事成为目标公司董事之一员时,如其仍欲通过长式合并模式完成目标公司合并与以现金强制逐出目标公司异议中小股东,为避免由于目标公司控制股东现金强制挤出中小股东行为与目标公司中小股东自由出卖股份行为发生利益冲突而有过度不公平地侵害目标公司中小股东权益之情事,唯有受控制股东指派目标公司董事们决策行为通过完全公平测试原则(entire fairness standard)下公平交易原则(fair dealing;procedural fairness)与公平价格

---

① See Priya Gupta, *Freezeouts in Delaware: An Exploration of the Appropriate Standard of Review*, 2 Columbia Business Law Review 713(2012).

② 参见[美]斯蒂芬·贝恩布里奇:《美国并购法》(第 3 版),李晓新译,法律出版社 2018 年版,第 166~167 页;游启璋:《现金逐出合并时少数股东的股份收买请求权》,载《政大法学评论》2014 年第 136 期。William J. Carneyal and George B. Shepherdm, *The Mystery of Delaware Law's Continuing Success*, 1 U. I11 L. Rev. 11(2009).

③ 参见[美]兰迪·J. 霍兰德:《美国公司法—特拉华州公司法经典案例选辑》,陈春山主持翻译,台北,新学林出版社 2011 年版,第 100~106 页。Dale A. Oesterle, *The Law of Mergers and Acquisitions*, 4th edition, West, 2012, p. 378-382; Howard Leviant et al., *Casenote Legal Brief - Corporations*, 中信出版社 2003 年版,第 79~80 页、第 85~86 页、第 88 页;薄守省:《美国公司法判例译评》,对外经济贸易大学出版社 2007 年版,第 122~138 页。

原则(fair price)的双重公平测试,始可认为受控制股东指派的目标公司董事们的决策行为无悖于目标公司董事受托人义务与责任之要求。

在美国特拉华州最高法院1994年"Kahn v. Lynch Communication Systems"判决中,法院依循1983年"Weiberger v. UOP, Inc."判决整体公平标准(entire fairness)审查基准,提出修正式整体公平标准(entire fairness),以更加强化整体公平标准的举证责任合理分配。该判决认为,[①]本次并购交易的目标公司董事会需由无利害关系的董事组成,并且由无利益冲突董事们所组成的董事会代表目标公司与并购公司进行并购交易程序的公平谈判磋商及公平收购价格议价,最后由无利益冲突董事们所组成董事会向公司董事会与股东会提出最终议定并购交易方案与公平收购价格建议,且经公司董事会与股东会多数表决通过。倘若起诉原告即目标公司中小股东不服无利益冲突董事们所组成董事会所提出的本次最终议定并购交易方案与公平收购价格建议,则转由起诉原告就本次最终议定并购交易方案与公平收购价格建议不符合整体公平标准(entire fairness)审查标准负起举证责任,[②]证明无利益冲突董事们所组成的董事会并购交易程序不符合公平交原则(fair dealing;procedural fairness),抑或其所提出公平收购价格建议不符合公平价格原则(fair price)。

由于我国非上市公司多属于股权高度集中的公司经营形态,[③]易发生公司控制股东透过资本多数决不当地欺压中小股东的情形。[④] 为抑制控制股东滥用资本多数决与通过董事选派控制方式完成自己交易或关联交易而损及全体股东权益,我国《公司法》第20条、第21条、第147条、第148条与第149条规定有董事忠实义务、勤勉尽责义务与控制股东关联交易禁止与滥用股东权禁止的规范,然其关于控制股东信义义务内涵、自我交易之程序公平规制与实质交易公平判断则由于我国《公司法》第20条规制不够清晰与司法实践不足而仍待学理补充解释,以作为该条法律适用漏洞的填补。[⑤]

---

① See William J. Carney, *Mergers and Acquisitions Cases and Materials*, 2nd edition, Foundation Press, 2007, p. 848-860;张心悌:《逐出少数股东——以资讯揭露义务与受托人义务为中心之美国法比较》,载《政大法学评论》2011年第123期;郭雳:《上市公司私有化交易的审查标准与利益平衡——主动退市的境外经验与启示》,载《北大法律评论》2014年第15卷第2辑。

② See Ely R. Levy, *Freeze-out Transactions the Pure Way: Reconciling Judicial Asymmetry between Tender Offers and Negotiated Mergers*, 106:2 W. Va. L. Rev. 330(2004); Daniel Wilson, *Desirable Resistance: Kahn v. M&F Worldwide and the Fight for the Business Judgment Rule in Going-Private Mergers*, 17 U. Pa. J. Bus. L. 648(2015).

③ 参见曹富国:《少数股东保护与公司治理》,社会科学文献出版社2006年版,第83~84页。

④ 参见赵旭东:《公司治理中的控股股东及其法律规制》,载《法学研究》2020年第4期。

⑤ 参见赵骏、吕成龙:《上市公司控股股东自利性并购的隧道阻遏研究》,载《现代法学》2012年第4期;曹富国:《少数股东保护与公司治理》,社会科学文献出版社2006年版,第230~232页。

首先,根据《公司法》第20条第2款的规定,控制股东不得滥用影响力损害中小股东利益,如有违反者,控制股东须对于中小股东损失负起赔偿责任。该条法律规制模式属于原则性的概括规定,对于控制股东在公司合并决议或公司强制股份转换决议过程中,是否构成资本多数决滥用而不当地欺压中小股东出售股份之责任标准,则仍有规制不足与判断标准不够清晰之弊。此外,我国法院依据《公司法》第20条第2款的规定直接判令控制股东应向中小股东赔偿的案例甚少,而且有判决认为控制股东滥权侵害中小股东权益的行为属于民事侵权行为,①应由中小股东对控制股东滥权行为负举证责任,致使中小股东多因无法举证控制股东具有滥用权力之情事而中小股东主张被驳回,②进而导致《公司法》第20条第2款存在司法实践保护不足之问题。

其次,我国控制股东如欲透过具有类似合并性质的公司强制股份转换挤出目标公司中小股东,恐将涉及控制股东自我交易的利益冲突。为解决我国《公司法》第20条第2款当前法律规制不足问题与落实控制股东信义义务,避免由于控制股东自我交易而不当地压迫中小股东强制出售股份,本文建议或可参酌上述美国1983年"Weiberger v. UOP, Inc."判决及1994年"Kahn v. Lynch Communication Systems"判决所建立公平交易程序(fair-dealing)与公平交易价格(fair price),第一,由非控股股东派任的非关联董事组成独立特别委员会(Independent Negotiating Committee)代表公司与控制股东谈判与审议并购交易条件,同时主动地将并购交易过程向非控制股东的股东们揭露。第二,委请独立财务顾问与外部专家就并购交易条件公平性提出评估报告并向非控股股东的股东们揭露。③ 第三,依循我国《公司法》第43条、第74条、第103条与第142条的规定,进行长式合并特别多数决决议与异议股东股份回购请求。第四,控制股东如于长式合并逐出少数股东过程中,滥用资本多数决与表决权而不当侵害少数股东自由应卖权利或获取合理补偿机会,其滥权行为可谓控制股东受托人义务违反与信义义务违反之行为,④自应扩充我国《公司法》第20条关于股东

① 参见傅穹:《我国控制股东信义义务的司法续造》,载《上海政法学院院报(法治论丛)》2021年第3期。

② 参见刘俊海:《论控制股东和实控人滥用公司控制权时对弱势股东的赔偿责任》,载《法学论坛》2022年第2期。

③ 参见南玉梅:《利益冲突交易的规则重构》,载《中国政法大学学报》2021年第5期。

④ 甘培忠:《公司控制权正当行使的制度经纬》,载《私法》2005年第5辑第2卷;赵旭东:《中国公司治理制度的困境与出路》,载《现代法学》2021年第2期;楼秋然:《公司法第20条中滥用股东权利规定的理论与实践》,载《西部法学评论》2016年第3期。

不当滥权损及其他股东利益内涵的解释,①令控制股东依据同条规定,对于受控制股东不当强制逐出少数股东的损失负起损害赔偿责任。② 如控制股东同时透过选派董事与控制董事职务执行方式实施不公平侵害少数股东利益之自我交易行为,亦可根据《公司法》第 147 条、第 148 条与第 149 条之规定,追究利益冲突情形下董事忠实义务违反之法律责任。③

(二)上市公司并购后私有化下市(Going-Private)的利益冲突审查

上市公司并购实务中,时见上市公司控制股东或管理阶层认为上市公司当前价值被交易市场所低估,或不欲与上市公司少数股东分享上市公司日后潜在发展价值,抑或不愿意继续承担保护上市公司中小股东的代理成本与监理成本等因素,④而通过长线并购后终止上市方式或先要约收购及后简易并购的终止上市方式,迫使上市公司中小股东因惧于上市公司私有化下市后,其所持有股权转让不能再自由流通出售的压力,而向上市公司控制股东或管理阶层出售所持有股份。据此,上市公司控制股东或管理阶层透过类似合并性质的股份转换模式完成私有化下市,是否会对于上市公司少数股东产生过度压迫?是否参考适用美国 1983 年"Weiberger v. UOP, Inc."判决与 1994 年"Kahn v. Lynch Communication Systems"判决揭橥整体公平标准(entire fairness),方足以保护上市公司少数股东?

为更充足保护上市公司少数股东免于私有化下市后持有股份被过度压迫地出售而受到不公平侵害,美国特拉华州最高法院 2010 年"In Re CNX Cas Crop. S'holder Ltd."⑤、2013 年"In re Dell. Shareholders Litigation"⑥、2013 年"In re MFW Shareholders

---

① 赵旭东:《公司治理中的控股股东及其法律规制》,载《法学研究》2020 年第 4 期;赵骏、吕成龙:《上市公司控制股东自利性并购的隧道阻遏研究》,载《现代法学》2012 年第 4 期。

② [日]行冈睦彦、朱大明:《控制股东滥用影响力的法律规制》,载《清华法学》2019 年第 2 期;朱大明:《美国公司法视角下控制股东信义义务的本义与移植的可行性》,载《比较法研究》2017 年第 5 期。

③ 参见南玉梅:《利益冲突交易的规则重构》,载《中国政法大学学报》2021 年第 5 期。

④ 参见游启璋:《现金逐出合并时少数股东的股份收买请求权》,载《政大法学评论》2014 年第 136 期。

⑤ 参见郭雳:《上市公司私有化交易的审查标准与利益平衡——主动退市的境外经验与启示》,载《证券法苑》2014 年第 3 期;Dale A. Oesterle, *The Law of Mergers and Acquisitions*, 4th edition, West, 2012, p. 385 - 389.

⑥ 参见蔡昌宪:《下市交易中利益冲突之净化机制:从美国 Dell 公司收购案谈起》,载《台大法学论丛》2015 年第 2 期;Guhan Subramanian, *Deal Process Design in Management Buyouts*, 130 Harv. L. Rev. 595(2016).

Litigation”①与 2014 年“Kahn v. M&F Worldwide Corp.”②等判决揭示了利益冲突净化原则(Cleansing Process Effect on the standard of review to the business judgement rule)。③ 该原则认为,首先,目标公司董事会系由无利益冲突的独立董事们组成特别委员会,④并由该特别委员会代表目标公司与并购公司就并购交易案进行独立地谈判交易,其与本次并购交易具有利益冲突目标董事们均回避本次并购交易案参与,由特别委员会独立选任外部专家就并购公司提出公平收购条件进行评估并出具专家评估报告。其后,特别委员会需根据外部独立专家报告与并购公司进行合乎目标公司全体股东最大利益的磋商或否决交易。最后,特别委员会向目标公司无利益冲突股东们提出外部专家出具公平收购条件评估报告及其与并购公司公平磋商结果,⑤如获目标公司无利益冲突多数股东们议决通过并购交易案,则视同公司并购交易已经目标公司股东会议决通过。此外,如并购交易经特别委员会议决通过,以及经无利益冲突多数股东们在未受威胁且获有充足资讯判断下议决通过者,则应根据商业判断法则(business judgement rule)⑥认为目标公司董事会已善尽董事忠实义务履行,无须再根据前述完全公平测试原则(entire fairness standard)向目标公司异议中小股东提出诉讼上举证责任。⑦

除美国各州公司法对于上市公司私有化并购挤出少数股东设有受托人义务与责任保护规范外,美国证券监督管理委员会(Securities and Exchange Commission,

---

① 参见郭雳:《上市公司私有化交易的审查标准与利益平衡——主动退市的境外经验与启示》,载《证券法苑》2014 年第 3 期;郭雳:《上市公司私有化交易的审查标准与利益平衡——主动退市的境外经验与启示》,载《北大法律评论》2014 年第 2 辑;沈朝晖:《上市公司私有化退市的安全港制度研究》,载《法学家》2018 年第 4 期。

② See Daniel Wilson, *Desirable Resistance*: *Kahn v. M&F Worldwide and the Fight for the Business Judgment Rule in Going-Private Mergers*, 17 U. Pa. J. Bus. L. 653(2015);Mark J. Gentile, Richards, Layton & Finger, Wilmington, *Recent Developments in Delaware Corporate Law*, SX018 ALI – CLE ,2015, p. 47 – 48;[美]乔纳森・罗森伯格、亚历桑德拉・路易森:《特拉华州法律下的控股股东关联交易》,王欹燕译,载《四川大学法律评论》2020 年第 1 期,第 249 ~ 251 页。

③ See Carl L. Stine, *MFW and the Legal Fiction of Market Equivalency*, 44 Del. J. Corp. L. 69(2020).

④ See Geoffrey C. Hazard Jr. and Edward B. Rock, *A New Player in the Boardroom*: *The Emergenceof the Independent Directors Counsel*, 59(4) Business Lawyer (ABA) 1391(2004);Guhan Subramanian, *Deal Process Design in Management Buyouts*, 130 Harv. L. Rev. 631(2016).

⑤ See Byron F. Egan, *Fiduciary Duties of Corporate Directors and Officers in Texas*, 43 – SPG Tex. J. Bus. L. 192(2009);Guhan Subramanian, *Deal Process Design in Management Buyouts*, 130 Harv. L. Rev. 641(2016).

⑥ 参见黄朝琮:《公司出售时之受托义务与程序机制》,载《受托义务之理论与应用》,台北,新学林出版社 2021 年版,第 109 ~ 110 页。Iman Anabtawi, *Predatory Management Buyouts*, 49 U. C. Davis L. Rev. 1308(2016).

⑦ 参见郭雳:《上市公司私有化交易的审查标准与利益平衡——主动退市的境外经验与启示》,载《北大法律评论》2014 年第 2 辑;蔡昌宪:《下市交易中利益冲突之净化机制:从美国 Dell 公司收购案谈起》,载《台大法学论丛》2015 年第 2 期;周振锋:《企业并购下董事之责任及程序》,载《企业并购理论与实务》,台北,元照出版社 2021 年版,第 80 ~ 81 页;黄朝琮:《美国法上经营阶层收购之研究》,载《东吴法律学报》2017 年第 1 期。

SEC)亦于1979年颁布上市公司私有化交易的13e－3申报规则(以下简称13e－3申报规则)规范上市公司私有化资讯披露义务,明令上市公司应于私有化终止上市完成前,向上市公司全体股东披露完整的交易资讯以协助少数股东判断股份收购价格与条件是否公平及同意自由应卖股份退出公司。例如①,根据13e－3申报规则第6目(Sec Rule 13e－3 Item 6)的规定,披露公司组织结构将因何种并购交易行为发生重大变化;根据13e－3申报规则第7目(Sec Rule 13e－3 Item 7)及其附件的规定,披露并购交易目的、并购交易架构设计模式、并购交易关系人、并购交易公平磋商过程、影响并购交易公平价格议定因素及经董事会最终通过建议并购交易价格;根据13e－3申报规则第8目(Sec Rule 13e－3 Item 8)及其附件的规定,披露并购交易价格定价模式如公司账面价值、市场价值或清算价值等;根据13e－3申报规则第9目(Sec Rule 13e－3 Item 9)的规定,披露外部独立专家与财务顾问关于本次并购交易评估报告;根据13e－3申报规则第10目(Sec Rule 13e－3 Item 10)的规定,披露并购交易资金来源与全部并购交易总额等。

我国主要通过上市公司换股吸收合并终止上市或要约收购上市公司后终止上市的途径,达到上市公司并购私有化退市之效果。由于我国长期仰赖中国证监会与证券交易所的行政监管措施,以及我国多数上市公司股权结构仍属集中及独立董事独立性与专业性仍待强化等因素,尚无由独立董事所组成的成熟运作的并购审查委员会,亦无由无利害关系少数股东所组成的成熟运作的股东会表决机制,②故我国要防止控制股东利用资本多数决强制挤出中小股东的不公平侵害,当应从以下几个层面逐步完善我国上市公司并购私有化中小股东权益保护机制。

首先,从上市公司外部证券监管角度,可以参考美国13e－3申报规则(Sec Rule 13e－3)强令上市公司私有化资讯主动揭露规则模式,要求上市公司主动披露上市公司并购交易资讯与终止上市资讯。③ 同时,通过并购私有化主动终止上市的上市公司,应主动向中国证监会、中国证监会并购重组委员会或证券交易所等证券监管机构,申请上市公司终止上市审核,以确保上市公司私有化下市符合证券监管法令要求

---

① 参见张心悌:《逐出少数股东——以资讯揭露义务与受托人义务为中心之美国法比较》,载《政大法学评论》2011年第123期;黄朝琮:《经营阶层收购之研究》,载《特殊交易型态与资讯揭露》,台北,新学林出版社2021年版,第102～104页;李文莉:《上市公司私有化的监管逻辑与路径选择》,载《中国法学》2016年第1期。Iman Anabtawi, *Predatory Management Buyouts*, 49 U.C. Davis L. Rev. 1310(2016).

② 参见沈朝晖:《上市公司私有化退市的安全港制度研究》,载《法学家》2018年第4期。

③ 参见李文莉:《上市公司私有化的监管逻辑与路径选择》,载《中国法学》2016年第1期。

且不会过度干扰证券市场稳定发展。

其次,从上市公司内部决策程序与不同股东间利益冲突调和角度,或可参酌我国香港特别行政区《公司收购、合并及股份回购守则》第2.2条"公司如因收购或合并后下市,除收购人及收购一致行动人不得参与表决外,经公司无利益冲突股东75%以上表决同意并购后下市与未有超过10%无利益冲突股东反对并购后下市者,则视为并购下市案经公司多数股东们议决通过"的规定以提高上市公司并购私有化股东会决议门槛。

再次,应积极改善上市公司独立董事独立性不足的情况,[①]责由非关联股东选任非关联独立董事,由非关联独立董事组成特别委员会委请外部财务顾问[②]参照我国《上市公司重大资产重组管理办法》第45条[③]、第50条及《上市公司收购管理办法》第35条[④]关于证券市场公允价格定价模式的规定,评估要约收购价格或换股并购价格与比例是否公允,以令上市公司中小股东在信息对称状况下,从经济理性第三人角度为自由应卖的商业投资作出判断决定。

最后,我国为使因要约收购后终止上市的目标公司异议中小股东可获得更完善的退出上市公司的机会而免于受到下市后控制股东长期压迫的风险,应于《证券法》第74条[⑤]及《上市公司收购管理办法》第27条、第29条、第43条等[⑥]规定,明定收购公司必须向目标上市公司提供现金选择权行使机会。

---

① 沈朝晖:《上市公司私有化退市的安全港制度研究》,载《法学家》2018年第4期。

② 高鹏程、曹璐、操龙飞:《关于完善上市公司收购中财务顾问制度的思考》,载《证券法苑》2018年第24卷。

③ 《上市公司重大资产重组管理办法》第45条规定:"上市公司发行股份的价格不得低于市场参考价的90%。市场参考价为本次发行股份购买资产的董事会决议公告日前20个交易日、60个交易日或者120个交易日的公司股票交易均价之一。本次发行股份购买资产的董事会决议应当说明市场参考价的选择依据。"

④ 《上市公司收购管理办法》第35条规定:"收购人按照本办法规定进行要约收购的,对同一种类股票的要约价格,不得低于要约收购提示性公告日前6个月内收购人取得该种股票所支付的最高价格。"

⑤ 《证券法》第74条规定:"收购期限届满,被收购公司股权分布不符合证券交易所规定的上市交易要求的,该上市公司的股票应当由证券交易所依法终止上市交易;其余仍持有被收购公司股票的股东,有权向收购人以收购要约的同等条件出售其股票,收购人应当收购。"

⑥ 《上市公司收购管理办法》第27条规定:"收购人为终止上市公司的上市地位而发出全面要约的,或者因不符合本办法第六章的规定而发出全面要约的,应当以现金支付收购价款;以依法可以转让的证券(以下简称证券)支付收购价款的,应当同时提供现金方式供被收购公司股东选择。"《上市公司收购管理办法》第29条第2款规定:"收购人发出全面要约的,应当在要约收购报告书中充分披露终止上市的风险、终止上市后收购行为完成的时间及仍持有上市公司股份的剩余股东出售其股票的后续安排;收购人发出以终止公司上市地位为目的的全面要约,无须披露前款第(十)项规定的内容。"《上市公司收购管理办法》第43条第1款规定:"收购期限届满,发出部分要约的收购人应当按照收购要约约定的条件购买被收购公司股东预受要约的股份;以终止被收购公司上市地位为目的的,收购人应当按照收购要约约定的条件购买被收购公司股东预受的全部股份;因不符合本办法第六章的规定而发出全面要约的收购人应当购买被收购公司股东预受的全部股份。"

三、公司股份转换与异议股东评估权

为保护因为公司组织、股权与资产结构产生重大变化而受到影响的公司异议股东得以受到合理补偿而退出公司,①并透过法院非诉裁定异议股东股份公平收买价格方式达到防止控制股东过度压迫少数股东的制衡监督功能,②我国、美国与日本均设有并购交易异议股东股份回购请求制度。然而,异议适用范围、异议股东请求资格、异议股东保护的程序规制模式、异议股东诉讼司法救济模式与异议股东股份公平收买价格基准时点与评价方式则由于各国立法者与法院对于异议少数股东应受保护规范密度看法不同而有所差异。

(一)异议股东股份回购请求的适用范围

我国《公司法》第74条规定:"如对于股东会公司合并、分立、转让主要财产的决议事项投反对票的股东,可以请求公司按照合理的价格收购其股权。"《公司法》第142条规定:"股东如对于股东大会作成公司合并、分立决议有所异议者,可要求公司收购其股份。"然细究异议股东评估权制度功能可知,当公司组织发生重大基础性变更影响公司全体股东权益之时,应立法容许反对公司组织产生重大变化的异议股东有请求公司收买其股份以补偿异议股东原始投资损失,故宜扩充我国《公司法》第74条、第142条适用范围,使其及于同属公司组织重大变更的公司强制股份转换。③

(二)异议股东股份回购请求的股东请求资格

异议股东评估权功能虽给予反对并购决议案股东一个合理退出公司与回收投资补偿机会,然若容许消极不行使股东权之股东或已赞成并购决议而后反悔不愿意成为并购公司股东之股东均可向法院提起异议股东股份回购诉讼,将导致并购交易结果过于不确定致交易效率低下,或因并购交易成本无可估算导致并购交易失败概率提高或异议股东滥行诉讼风险发生等,故我国《公司法》、美国《模范商业公司法》第13.02条与美国《特拉华州公司法》第262条及日本《公司法》莫不针对异议股东评估权股东适用范围作了一定适用条件限制。但是,我国《公司法》第74条与第142条规

---

① See George S. Geis, An Appraisal Puzzle, 105 Nw. U.L. Rev. 90(2011).

② 参见游启璋:《股份收买请求权的股东退场与监控机制》,载《月旦法学》2006年第128期;焦津洪:《论持异议股东的股份评估权与补偿权》,载《国际商法论丛》(第4卷),第4~5页。George S. Geis, An Appraisal Puzzle, 105 Nw. U.L. Rev. 90(2011).

③ 参见高永深:《论异议股东股份回购请求权》,载《河北法学》2008年第4期。

定,仅明确对股东会并购决议投反对票股东或持异议表示股东可请求公司回购股份,无表决权股东或因不可归责于己的原因而无法出席股东会的股东是否可依据我国《公司法》第 74 条与第 142 条规定行使异议股东评估权,则未有明确规范。

首先,就无表决权股东部分,我国多数论者基于股东平等原则并参考美国与日本立法例,认为应赋予无表决权股东行使异议股东评估权之权利。[①] 盖因异议股东股份回购请求权制度设立之旨在于当公司组织结构发生重大变化,不再符合公司股东们原始投资期待时,则应给予公司股东们再次选择是否愿意持续投资公司的机会,故对于有表决权股东与无表决权股东无进行差别待遇之理,应秉持股东平等原则,允许无表决权股东可就异议股东评估权行使权利。

其次,就因不可归责于己的原因而无法出席股东会的股东部分,在我国袁某晖与长江置业有限公司请求公司收购股份诉讼案判决[②]中,法院认为应允许由于不可归责于己的原因而无法出席股东会的股东可就异议股东评估权行使权利。因其法院认为,[③]原告袁某晖已向被告长江置业有限公司表达反对并购意见,然因被告长江置业有限公司未依法通知原告袁某晖参加股东会,致使原告袁某晖因不可归责于己的原因而无法出席股东会,更无从在股东会投票反对并购。据此,法院认为应依法支许原告袁某晖可向被告公司请求异议股东股份回购之权,方符合异议股东评估权保护异议股东之旨。

(三)异议股东股份回购请求的程序保护

我国《公司法》第 74 条规定:"如对于股东会公司合并、分立、转让主要财产的决议事项投反对票的股东,可以请求公司按照合理的价格收购其股权。自股东会会议决议通过之日起六十日内,该反对股东与公司若不能达成股权收购协议的,反对股东可以自股东会会议决议通过之日起九十日内向人民法院提起诉讼。"考虑我国《公司法》对于异议股东评估权保护与并购交易法律关系安定性维护似有不足,我国《公司法》第 74 条与第 142 条有必要增补异议股东评估权程序规制。例如[④],为充分保障公

---

① 参见王作全、王毓萌:《完善我国异议股东股份回购请求权制度的思考》,载《青海师范大学学报(社会科学版)》2021 年第 2 期;刘胜军:《论优先股股东的异议股东股份评估权保护:美国的实践及启示》,载《法学杂志》2018 年第 8 期;蔡英欣:《股份收买请求权制度之检讨》,载《全国律师》2014 年第 2 期。

② 最高人民法院民事判决书,(2014)民申字第 2154 号。

③ 参见郑运民、赵冰:《异议股东股份回购请求权的程序问题研究》,载《时代法学》2019 年第 1 期。

④ 参见王作全、王毓萌:《完善我国异议股东股份回购请求权制度的思考》,载《青海师范大学学报(社会科学版)》2021 年第 2 期;焦津洪:《论持异议股东的"股份评估及补偿权"》,载《国际商法论丛》2002 年第 1 期;雨时:《股份回购请求权制度的操作问题》,载《金融法苑》2005 年第 63 期。

司股东对于公司基础重大变更的知情权，公司应依法于股东会开会前向公司全体股东发出股东会开会通知，并于通知书上载明反对并购异议股东可请求公司回购股份通知的方式与期限；反对并购异议股东则应于股东会开会前，按照公司载明股份回购请求期限，向公司为书面异议表示并为公司股份回购请求之意思表示；公司与异议股东应于股东会决议后60日内进行股份回购价格协商，倘若双方无法于60日内议定股份回购价格，反对股东得于股东会决议通过后90日内向法院诉请公司回购股份。公司则应于股东会决议通过后90日内，以全体异议股东为被告向法院诉请异议股东股份回购价格裁定及其附加利息金额裁定。

（四）异议股东股份回购请求的公平收买价格

如前所述，我国《公司法》第74条仅规定异议股东可从股东会会议决议通过之日起90日内诉请法院裁定公司按照合理的价格收购其股权，但对于法院非诉裁定审理程序、收购股权的公平价格基准时点、收购股权的公平价格定价模式、收购股权应附计利息、异议股东请求诉讼裁定所支付诉讼费用、鉴定费用或律师费用应如何合理分摊等，尚没有具体法律规定，易产生公司与异议股东对于法院裁定股份回购价格是否公允之争议。

此外，由于我国当前关于异议股东评估权诉请法院裁定的案例不多，现有司法判决则多以公司清算价值（liquidation value）的公司净资产价值为股份收购计算基准，即以公司解散清算后，公司净资产价值除以公司全部发行股份计算出公司每股股份应有价格。再以公司净资产为计算基础的公司每股股份价格乘以异议股东持股股份比例，计算出公司回购异议股东全部股份应支付的股权收购价格。[①] 例如，（2013）中二法东民二初字第102号民事判决、（2014）民申字第2154号民事判决等。[②] 然却忽视公司未来发展价值、永续经营价值（going concern value）、并购后可预期综效价值或公司与同时期发展公司相互比较市场价值等因素，而难令人信服纯以公司净资产为基准所计算出股权回购的价格属于异议股东评估权行使下公平合理的收购价格。[③]

---

① 刘胜军：《论优先股股东的异议股东股份评估权保护：美国的实践及启示》，载《法学杂志》2018年第8期。

② 参见堵文瑜：《异议股东评估权中合理价格的分类确定研究——以司法实践为中心》，载《法律与金融》2019年第1期。

③ See William J. Carney & Mark Heimendinger, *Appraising the Nonexistent: The Delaware Courts' Struggle with Control Premiums*, 152 University of Pennsylvania Law Review 845（2003）；堵文瑜：《异议股东评估权中合理价格的分类确定研究——以司法实践为中心》，载《法律与金融》2019年第1期；高永深：《论异议股东股份回购请求权》，载《河北法学》2008年第4期。

美国特拉华州法院从早期特拉华州块状法(Delaware Block Method)逐渐发展为现今更合乎市场交易规则的现金流量折现法(Discounted Cash Flow)、可比较法(Comparative Analysis)[①]及以并购价格推定为公平价格法。首先,所谓美国特拉华州块状法系根据美国特拉华州最高法院1950年"Tri-Continental Corp. v. Bettye"判决要旨而来[②],法院以权重法加总平均计算方式,加总公司过去获利价值权重、公司过去市场交易价值权重与公司当前资产价值权重,平均后计算出公司应有公平交易价值。其次,现金流量折现法系根据美国特拉华州最高法院1983年"Weiberger v. UOP, Inc."判决揭示要旨[③]而来,由于特拉华州块状法仅以公司过去表现统计数据为计算基础而忽略公司未来仍可持续经营价值,故改以公司未来持续营业收入扣除成本方式作为公司继续经营价值。[④] 再次,可比较法(Comparative Analysis)系指,[⑤]由于特拉华州块状法计算方式有其缺陷,现金流量折现法的未来预期估算恐过于不确定或过度主观,故可考虑采用比较本益法(comparable P/E ratio method),将公司与同类型公司或同类产业公司之间相互比较后,计算出公司预期,又可获得交易价格与交易获利。最后,以并购价格推定为公平价格法系根据美国特拉华州最高法院2017年"DFC Global Corp. v. Muirfield Value Partners, L. P."及最高法院2017年"Dell, Inc. v. Magnetar Global Event Driven Master Fund Ltd."等判决揭示要旨[⑥]而来,当并购公司与目标公司立于公平对等交易关系,目标公司董事会由无利害关系独立董事组成特别委员会代表公司进行尽职交易价格磋商,同时开放竞价收购者向目标公司提出不同要约收购价格,并购公司买方则已对目标公司价值进行详尽尽职调查并进行合理价格分析,此时并购交易双方所议定并购交易价格即可先被推定为并购交易公平价格。

综上可知,我国法院纯以公司净资产作为每股回购价格基准所计算出全部股权收购价格,可能因忽视公司未来发展价值、并购后可预期综效价值及公司与同时期发展公司相互比较后市场价值而有失公允,故可参考特拉华州块状法、现金流量折现

---

① 参见蒋云蔚:《美国法上的异议股东股份评估权制度对我国的借鉴意义》,载《西南政法大学学报》2008年第2期。

② 参见林建中:《美国特拉华法上股份收买请求权的计算方式与衍生问题》,载《政大法学评论》2014年第137期。

③ 游启璋:《现金逐出合并时少数股东的股份收买请求权》,载《政大法学评论》2014年第136期。

④ See Richard T. Hossfeld, *Short – Form Mergers after Glassman v. Unocal Exploration Corp.: Time to Reform Appraisal*, 53(4) Duke Law Journal 1362(2004).

⑤ 参见林建中:《美国特拉华法上股份收买请求权的计算方式与衍生问题》,载《政大法学评论》2014年第137期。

⑥ 参见杨岳平:《论商业法院的商事法制再造功能》,载《月旦法学》2021年第310期。

法、可比较法或并购价格推定为公平价格法，并结合我国法院现有公司净资产法（Net Asset Value），就个案异议股东评估权请求股权收购价格进行综合判断，以作为我国法院审查我国《公司法》第74条“法院裁定公司按照合理的价格收购其股权”的计算方式选择。

四、结　　论

综合前文所述，由于公司强制股份转换法律性质属于类似合并的股权收购行为，故其于公司强制股份转换过程中，同样会发生类似于挤出式长式合并与上市公司私有化并购下市等强制逐出目标公司少数股东之行为效果（cash-out/squeeze out/freeze-out）。为避免我国目标公司少数股东于公司强制股份转换过程中受到不公平侵害，应透过利益冲突回避、资讯强制揭露与受托人义务与责任设计以防止目标公司少数股东受到控制股东不当压迫侵害（oppression）或因管理阶层有悖于受托人义务而被不当侵害，以及通过异议股东评估权行使程序设计以令少数股东退出公司时受到合理补偿保障等，以全面强化公司强制股份转换的少数股东保护。

在防止我国控股股东滥用资本多数决不当压迫少数股东或管理阶层违反受托人义务而不当侵害少数股东方面，由于我国对于控制股东信义义务内涵、自我交易之程序公平规制与实质交易公平判断仍未尽完善，故应扩充我国《公司法》第20条关于股东滥用权利损及其他股东利益内涵的解释，令因受到控股股东滥用资本多数决而被不当驱逐的少数股东可依《公司法》第20条的规定向滥权控制股东请求损害赔偿。对于控制股东透过选派董事与控制董事职务执行方式实施不公平侵害少数股东利益之自我交易行为，则应容许受侵害少数股东根据《公司法》第147条、第148条与第149条的规定，追究利益冲突情形下违反董事忠实义务之法律责任。另外，若上市公司控制股东拟通过公司强制股份转换模式或二阶段要约收购与公司强制股份转换模式完成上市公司私有化退市，则应从上市公司外部证券监管角度，要求上市公司主动披露上市公司并购交易资讯与终止上市资讯。从避免控制股东于股东会上滥用资本多数决角度，应提高上市公司并购私有化股东会决议门槛。还应积极改善上市公司独立董事独立性不足的缺陷，责由非关联股东选任非关联独立董事，由非关联独立董事组成特别委员会委请外部财务顾问参照我国《上市公司重大资产重组管理办法》第45条与第50条及《上市公司收购管理办法》第35条关于证券市场公允价格定价模式,评估要约收购价格或换股并购价格与比例是否公允,以令上市公司中小股东得于信息对称状况下进行自由应卖的商业投资判断决定。

在异议股东评估权行使程序设计方面,由于我国《公司法》第 74 条及《公司法》第 142 条关于异议股东评估权的法律规则不甚完善,故宜于《公司法》第 74 条及《公司法》第 142 条进行以下规制增修,以完善我国当前异议股东评估权制度。例如,应扩充我国《公司法》第 74 条、第 142 条适用范围,使其及于同属公司组织重大变更的公司强制股份转换(compulsory share exchange)和无表决权股东与因不可归责于己的原因而无法出席股东会的股东;应简化、明确与完善异议股东评估权行使程序,责由公司依法于股东会开会前向公司全体股东发出股东会开会通知,并于通知书上载明反对并购异议股东可请求公司回购股份通知方式与期限。公司与异议股东双方应于股东会决议后 60 日内进行股份回购价格协商,倘若双方无法于 60 日内议定股份回购价格,反对股东得于股东会决议通过后 90 日内向法院诉请公司回购股份;为避免我国法院对于异议股东股份回购公平价格之定价模式,仅以公司清算价值(liquidation value)的公司净资产价值为股份回购价格定价基准,而忽视公司未来发展价值、永续经营价值(going concern value)、并购后可预期综效价值或公司与同时期发展公司相互比较市场价值,故应结合我国法院现有公司净资产法与特拉华州块状法、现金流量折现法、可比较法或并购价格推定为公平价格法,就个案异议股东评估权请求股权收购价格进行综合判断,作为我国法院审查我国《公司法》第 74 条"法院裁定公司按照合理的价格收购其股权"的计算方式选择等。

比较视阈下简易破产程序建构的必要性与可行性

李慧腾*

摘　要:市场化破产中引入简易程序,是控制成本和追求效率的综合考量。简易程序曾规定在破产法草案中,但后又被删去。现阶段破产案件数量大幅增长,中小企业及个人适用普通破产程序出现系列问题,且简易破产程序有其正当性基础,设立此制度的必要性已充分。同时,政策导向、司法实践、繁简分流的改革探索以及特殊主体的强烈需求等,为简易程度的设立提供可行性。经济需求、特殊主体的考量、法治观念和破产职业共同体等因素,共同构成了域外简易破产程序立法的可行性。在优化营商环境背景下,构建简易破产程序受到了多重阻挠。立法层面最终确立前,需要加强破产人才培养机制,助力府院联动,增强破产效率意识,完善破产监督机制。

关键词:简易破产程序　繁简分流　破产效率

一、问题的提出

普遍设立简易破产程序是各个国家和地区破产立法的惯例,我国构建简易破产程序是顺应国际破产立法的趋势,也是推进我国破产立法国际化进程的必然选择。所谓简易破产程序,是对普通破产程序的简易化,即对特定类型的破产案件在符合法定情况时适用简易化的程序审理。① 相比普通程序,简易化的破产程序旨在实现审判组织,债权人委员会,通知、公告及送达方式,表决及分配方式,审理期限等一系列程序的简化。

---

* 安徽大学法学院硕士研究生。

① 参见王欣新:《破产法修改中的新制度建设》,载《法治研究》2022 年第 4 期。

学术界围绕简易破产程序设立的争论发端于21世纪初,随着2006年《中华人民共和国企业破产法》(以下简称《企业破产法》)的修订达到顶峰,后否定的观点获得大部分学者认可。[①] 赞成的学者认为,构建简易破产程序具备必要性和可行性,应属完善市场退出机制的应有之义;[②]否定的学者认为,破产案件与民事案件具有差异性,简易程序的设立可能会有损权益。[③]

随着对破产制度的理性认识,设立简易破产程序逐渐被学界认可。一是破产法中简易程序的缺位,明显牺牲效率原则,未能实现"安全与效率并重"的理念。营商环境将"办理破产"列为一级指标,明确将破产司法程序的便利性作为考量因素之一,可见效率高、成本低的破产制度是提升国际竞争力的有效途径。二是建立简易破产程序有利于贯彻破产法之保值增值原则。破产中的决策行为应当以对债务人财产的保值增值为判断标准,尽可能地增加债务人财产的范围和价值,使破产成本最小化。过长的办案周期和烦琐的流程会增加各项支出,增加破产成本,易造成破产"诉累"。三是建立简易破产程序有利于实现繁简分流,解决审判难题。针对案情简单、争议较小、债权债务关系明晰的案件,通过简易程序快审快结,能有效控制司法资源的过度投入,实现帕累托最优状态。有学者指出,简易破产程序作为拟建立的一项新制度没有争议。[④] 由此可见,简易破产程序构建的必要性已充分。

实践中,近年来国内破产案件数量攀升,2013年全国法院审结的企业破产案件达1998件;2019年破产案件受理量已达20,000多件,其中2017年至2020年受理及审结的破产案件分别占法律实施以来案件总量的54%和41%。[⑤] 多地开展简化破产审判的试点,为提升破产案件审理质效进行了有益的探索。山东省高级人民法院发布的2021年破产审判十大典型案例中,就包括1起适用简易破产程序的案件:威海世昌贸易公司破产清算案。但实务中各地做法不一,有学者指出,深圳的法院简易破产

---

① 2000年《中华人民共和国企业破产与重整法(草案)》(以下简称《破产重整法(草案)》)专章规定"简易程序"。2003年第十届人大在《中华人民共和国企业破产与重整法(草案)》第150条对简易破产程序作了相关规定。后立法态度发生转变,2004年第十届人大常委会第十次会议提交的《中华人民共和国企业破产与重整法(草案)》相关的简易破产程序条文被完全删除。

② 代表性著述如:徐阳光、殷华:《论简易破产程序的现实需求与制度设计》,载《法律适用》2015年第7期;刘颖:《论我国破产法上简易程序的构建》,载《法学评论》2022年第3期。

③ 王利明教授称,我国不承认自然人破产,限制了简易程序的适用范围。参见王利明:《关于制定我国破产法的若干问题》,载《中国法学》2002年第5期。破产程序确有存在的必要,但难以落实到法律中,简易程序并不简易,偷工减料、质量不过关,往往导致"返工"。参见李永军:《破产法制定中的主要问题》,载中国民商法律网2001年6月28日,http://old.civillaw.com.cn/article/default.asp? id=8101。

④ 参见王欣新:《破产法修改中的新制度建设》,载《法治研究》2022年第4期。

⑤ 李曙光:《论我国〈企业破产法〉修法的理念、原则与修改重点》,载《中国法律评论》2021年第6期。

程序职权主义较浓，温州市中级人民法院则偏向当事人主义，反映出司法实践在适用上存在分歧。[①] 众多司法文件的出台，是否有越位之举行立法之嫌也值得思考。

学术界与实务界围绕这一程序的论述使其再次成为破产法修订的重点。现阶段，我国处理破产案件存在周期长、成本高、过程烦琐、中小企业不适配等问题，造成破产功能未充分实现。鉴于上述因素，在必要性满足的前提下，本文重点分析我国简易破产程序的可行性，以期廓清国内简易破产程序的立法条件是否具备，为新一轮的破产法修订做准备。

二、我国破产法设简易程序可行性分析

数十年后再议简易破产程序，需要结合立法背景，分析 2006 年《企业破产法》未设简易程序的原因，并审视这些阻碍因素是否仍存在，解决之程度能否达到当下再次启动立法的标准，使制度设计理性而谨慎。

（一）2006 年破产法设简易程序可行性不足

21 世纪初，《破产重整法（草案）》中规定了简易破产程序，后又将其删去，立法风向标反转有其实质性原因，可归纳如下。

改革开放后，为适应市场经济的发展，1986 年颁布《中华人民共和国企业破产法（试行）》结束了长期以来中国破产立法的空白。中国传统文化中以“礼”为核心的道德伦理标准，导致中国的破产耻感深厚，社会中存在采取污名化的手段制裁违约的消费者债务人，而不是建立个人破产制度及其相关的配套措施。

从立法者角度分析，保守的立法态度暗含了些许担忧。《关于贯彻执行〈破产法（试行）〉若干问题的意见》第 75 条规定，人民法院对破产案件作出的裁定，除驳回破产申请的裁定外，一律不准上诉，当事人对裁定有异议的，可以向作出裁定的原审人民法院申请复议。《中华人民共和国企业破产法（试行）》也规定一裁终局，这一做法导致已经在债权人之间分配的财产无法恢复原状。简易破产程序要建立在对当事人实体和程序权利有效保障的基础之上，缺乏完善的破产欺诈防范机制，撤销权、异议权的实现难以保障，审查制度和资产评估机制不健全等，可能衍生出欺诈逃债、“换壳经营”、“企业分立”、投机取巧等行为损害债权人的利益。2006 年《企业破产法》规

---

① 参见郭靖祎：《破产程序简化的理论探究》，载《求索》2018 年第 2 期。

定,破产管理人、异议债权人可另行向受理破产案件的法院起诉请求确认债权,使这一顾虑得以解决。

从经济层面分析,1994~2004 年为我国政策性破产阶段,虚假破产、恶意破产损害债权人利益的现象较普遍,并未真正确立市场经济中债权人利益保护的概念。[①] 20 世纪 90 年代中后期,经济结构性失衡引发国有企业改革并产生了"下岗潮"。"国企破产潮"涉及失业职工的救济,关乎社会民生,非简易程序所能解决,程序的简化或许会加剧社会矛盾。

从适用对象上分析,国外简易破产程序的适用主体相当一部分针对消费者在内的自然人和中小型企业,此类案件债权债务清楚、案情简单、争议不大。如联合国针对中小企业出台了《小微企业破产立法指南》《贸易法委员会小微企业破产立法建议》;美国 2019 年颁布了《小企业重整法》(Small Business Reorganization Act),解决第 11 章重整程序的成本高、周期长、诉累偏重的弊端。在我国,1986 年《企业破产法》的适用对象为全民所有制企业,2006 年《企业破产法》将其修改为企业法人,同时规定合伙企业、个人独资企业只能"参照适用"。个人破产立法的时机在当时也并不成熟。因此,适用对象的单一性限制了简易破产程序的设立。

(二)现阶段破产法设简易程序的可行性分析

2006 年颁布的《企业破产法》是我国第一部市场经济的破产法,但囿于立法理念的保守、对现代金融风险危害的认知狭隘、不完整的主体规制等,所以当下正呼吁制定出一部现代破产法。新一轮修订破产法之际,我国建立简易破产程序在政治、经济、司法实践、诉讼理念等方面已具备以下条件。

1. 政策导向

法治是最好的营商环境。党的十九大指出,我国经济已由高速增长转向高质量发展阶段,并进一步明确要建立现代化经济体系。当前国内供给侧结构性改革进入关键时期,按照市场化、法治化的原则,规范市场退出机制、推进市场竞争的优胜劣汰、完善资源优化配置,至关重要。破产法作为市场退出法的主要表现形式,破产法律制度的完善与否已成为衡量一个国家市场经济发展的重要指标。目前破产法中未设立简易破产程序,办理破产案件期限长,成本高,过程烦琐,中小企业通过破产方式退市的意愿并不强,阻碍了构建市场化、法治化相统一的市场退出机制。《建设高标

① 参见李曙光:《我所经历的破产法立法过程》,载《民主与科学》2016 年第 2 期。

准市场体系行动方案》明确指出,“建立企业破产案件简化审理模式,对资产数额不大、经营地域不广的企业实行简易破产程序”。由此可见,构建简易破产程序、提高破产案件办理的质效,符合我国政策发展导向。

2. 市场需求

破产法是市场经济的产物,这要求破产法的体系功能之构建应当充分尊重市场机制。其一,现阶段全球供应链持续紊乱,不确定性加剧,大幅降低实际经济效益,许多公司面临维持运营的严重压力,破产风险增加。其二,《中华人民共和国公司法》明确区分有限公司和股份有限公司,同时《中华人民共和国个人独资企业法》《个体工商户条例》《中华人民共和国合伙企业法》均单独立法,而《企业破产法》仅规定单一退市程序,前端与终端程序匹配“不兼容”,需要设置简易程序以满足多样化主体的程序需求。深圳经济特区颁布《个人破产条例》,个人破产立法已成定局。为应对中小企业和个人破产的现状,亟须更简便的破产程序。

3. 司法实践

我国简易破产程序最初规定在1993年《深圳经济特区企业破产条例》中。《破产重整法(草案)》第157~163条专门规定简易破产程序,并明确适用范围,这是我国立法过程中离简易破产程序最接近的一次尝试。以最高人民法院《关于推进破产案件依法高效审理的意见》为蓝本,重庆市、江苏省、山东省、湖南省等地法院相继颁布简化破产审理程序的司法文件。2020年浙江法院适用破产简易审的案件达169件,占比96%。[①] 2021年,深圳破产法庭审理破产类案件达4028件,同比增长28.9%。[②]

多地开展简易破产程序试点,而立法层面却缺乏统一的规定,使多地颁布的司法文件中关于简易程序适用的某些规定不统一,甚至相互矛盾。如何简易、简易的标准在哪,如何实现程序衔接等问题亟须解决,否则易弄巧成拙。

4. 繁简分流

2015年最高人民法院颁布《人民法院第四个五年改革纲要(2014—2018)》,明确“根据不同审级和案件类型,实现裁判文书的繁简分流”,积极推进案件“繁简分流、

---

① 《2020年浙江法院破产审判工作报告暨十大典型案例》,载微信公众号“中国破产法论坛”2021年3月18日,https://mp.weixin.qq.com/s/wJzb5z3H-8TY5dLmOM0XAQ。

② 《深圳破产法庭成立三周年:三载先行示范路　改革征程再出发》,载微信公众号“深圳市中级人民法院”2022年1月14日,https://mp.weixin.qq.com/s/6O30wq6tJmyQjkFwFOK17w。

轻重分离、快慢分道”。[①] 民事诉讼领域自 2020 年开启为期两年的繁简分流改革试点,截至 2021 年 10 月,简易程序适用率达 65.11%,小额诉讼案件适用率达 20.74%。破产法领域也进行了繁简分流的探索。如 2017 年广东省高级人民法院《关于推进企业破产清算案件快速审理的若干意见》提出,建立繁简分流、快慢分道的审判机制,对“三无”企业、财产少、债权债务关系清晰的案件适用简易程序,借助信息技术简化送达方式与债权人会议,建立 6 个月内审结的最短期限。遵循简案快审、繁案精审这一理念建构的诉讼格局,可以有效优化审判资源科学配置,其中要素式审理模式、简化裁判文书、电子诉讼规则等形式,为破产领域中推进案件分流、建立简易和普通程序的“双轨制”提供了经验。

5. 破产清算的特殊考量

《企业破产法》确立清算、重整、和解三条路径。实务中,破产清算案件占破产案件总量的 90%,重整案件约为 10%,和解案件不足 1%。破产三大程序呈现出发展与适用上的差距,需从制度上设计出更科学的破产程序。

长期以来,破产清算中普通债权清偿率较低。对于债务人“无产可破”案件的处理,司法实践中存在三种观点:(1)债务人无产可破的情形,不影响法院受理债权人的申请;[②](2)被申请人无下落、无财产、无人员、无账本,债权人申请破产清算实属不必,会增添审判压力、浪费司法资源,应予以约束与规制;[③](3)按照《中华人民共和国公司法》《企业破产法》启动清算,离不开可供执行的财产,否则会带来因清算滋生出的额外费用,既无力支付又造成资源浪费。[④] 但根据深圳市、重庆市等地简易破产程序的规定,针对债务人的主要财产、账册、重要文件等灭失,债务人下落不明或者无财产、财产不足以支付破产费用的,应简化审理。若不予受理“无产可破”案件,会使破产法规定的破产原因形同虚设。引入简易程序,可以避免因不审理引起的不公,减少因普通程序的烦琐产生的资源与成本浪费。

(三)本章小结

10 多年间随着社会经济环境高速跃迁,从政策导向及司法实践可以看出立法者的态度已发生改变,个人及中小企业的破产实践彰显出对简易破产程序的迫切需求。

---

① 最高人民法院相继颁布《关于人民法院进一步深化多元化纠纷解决机制改革的意见》《关于进一步推进案件繁简分流优化司法资源配置的若干意见》《关于民商事案件繁简分流和调解速裁操作规程(试行)》等多个司法文件。

② 广东省东莞市中级人民法院民事判决书,(2016)粤 19 民终 7458 号。

③ 江苏省苏州市中级人民法院民事判决书,(2019)苏 05 破终 15 号。

④ 最高人民法院民事判决书,(2018)最高法民申 933 号。

破产清算案件的特殊考量、繁简分流的诉讼理念为这一制度的建立增添说服力。破产制度已经从瓜分“破产池”中剩余财产转变为盘活债务人有效资产,从传统清算为主转向持续经营的重整理念,各方利益主体对灵活、高效的程序追求也促进了对破产效率的价值追求。虽然破产耻感与歧视得以缓解,但破产文化的培育需要时间,非朝夕所能解决。不难看出2006年《企业破产法》设立简易破产程序的阻碍因素随客观情势的变更(非规范性改造)部分得以解决,当下我国已达到启动简易破产程序立法的标准。

三、构建简易破产程序可行性的困境

(一)破产职业共同体力量薄弱

专业化分工往往在法律领域(包括破产程序)带来更高的司法效率,从而转化为更快、更准确、成本更低的诉讼程序。[①] 徒法不足以自行。快捷高效和可负担得起的破产程序能否落实到经济生活中,发挥破产法及破产程序的独特作用,取决于破产实务的质量与效果。总体而言,破产实务的核心执业主体由破产法官和破产管理人两部分构成。

破产案件被誉为“办案与办事的结合、开庭与开会的结合、裁判与谈判的结合”。除了具备专业的法律知识,法官还需要具备经济、财务、审计甚至企业管理等知识,并积累化解社会矛盾、处置突发事件、协调各方利益等经验。但实践中,一方面“案多人少”的矛盾十分严峻,如2021年重庆市法官人均结案421.7件,同比增长91.9件;另一方面,企业破产专门绩效考评机制不合理,无法充分调动法官办理破产案件的积极性。破产管理人方面,《企业破产法》第3章规定,破产管理人的选任、更换、薪酬、辞退等依法院确定,同时管理人须向法院报告工作并接受监督。这样的立法设计可能会产生“法院控制管理人”的现象。此外,职业化要求管理人掌握会计知识、通晓商事规则、熟知法律技能,并能连续胜任该项工作,但目前有关管理人的准入及资格要求尚不明确。

现阶段破产案件数量与日俱增,若破产法设简易审理机制,加之我国正推进个人破产立法,不久的将来更多破产案件会向法院不断涌入,高校中破产法学教育的时长

---

① See Detotto Claudio, Serra Laura & Vannini Marco, *Did Specialised Courts Affect the Frequency of Business Bankruptcy Petitions in Spain?*, 47 European Journal of Law and Economics 125(2019).

及规模尚不充足,专项研究破产法的师生占比较低,建立一支高素质的破产队伍并非易事。①

(二)府院联动机制的运行不畅

破产法具有双重外部属性,立法也规定破产在债权债务处置之外的部分社会功能的承担,无论是“僵尸企业”的出清、中小企业的退市与“复活”,还是职工的权益与安置、注销与登记等,尤其是破产衍生的维稳、土地管理等问题,都彰显出司法对行政支持的强烈依赖性。有学者指出,高昂的行政管理成本及长时间的延迟是破产效率低下的原因。② 破产程序中若行政供给不足,会降低破产案件处置效率。美国、英国、俄罗斯等国设立专门的破产事务管理机构专项协调破产事宜,并对破产流程开展综合性监管。在此种模式下,破产审判事务交由法院;因破产衍生的僵尸企业股权变更、税费调控等,交由破产事务管理机构负责。

多地市、县一级司法文件或地方规范性文件规定了府院联动工作方案,但省一级及中央尚未制定专项法律法规,规定如何避免行政“强势”地介入破产而重蹈“政策破产”或者出现行政与司法机关或其内部部门相互推诿的情况。市场化破产初期府院联动的“一案一议”尤为普遍,“点对点”式的个案击破诚然针对性强,但如何落实到法治化并常态运行,如何避免府院联动流于形式,能否及如何建立一套相应的考核标准,以及避免个案协作或地域性协商某种程度上损害破产的整体效率,值得进一步思考。③

(三)市场化破产效率意识淡薄

从法文化角度看,传统法文化中的观念与市场经济中的现代破产制度存在不兼容。《现代汉语通用字典》中将“破产”解释为丧失全部财产,比喻彻底失败。一些谚语、成语有着传统中华文化的烙印,如“欠债还钱”“息事宁人”“保守残缺”“成王败寇”“重农抑商”等,以其为作用参数引入现行破产制度的评价中,表明二者存在诸多不相容之处。受诸多思想观念的束缚,破产耻感与破产歧视使民众谈“破”色变,惧怕破产招致的社会地位下降、声誉受损等负面影响,加之民众的息讼、厌讼观念与烦琐的破产流程,宁愿逃债跑路也不愿申请破产,这也是中国政策性破产后破产案件长时

---

① 参见张善斌、钱宁:《个人破产热点的冷思考——以立法条件的考量为中心》,载《法学家》2021 年第 6 期。

② See M. Frieden and S. Wielenberg, *Insolvency Administrator's Incentives and the Trade off between Creditor Satisfaction and Efficiency in Bankruptcy Procedures*, 10 Business Research 159(2017).

③ 参见范志勇:《从单向走向互动的破产府院联动机制——以我国法院的破产能动司法为中心》,载《中国政法大学学报》2021 年第 1 期。

间数量低的原因之一。

如果无利可图的公司因为不需要退出市场而不退市，市场资源的高效重组将受到阻碍。从长远看，援助措施和破产缺口的进一步增加可能会导致创业活动的长期减少。① 目前来看，行政注销的企业数量远大于破产注销的数量，以破产为市场出清的意愿并不强。② 出现这一现象与民众对破产的认知有关。程序至上观念认为严格遵守各环节程序便能实现公正价值。

（四）破产监督保障机制的缺位

联合国《小微企业破产法立法指南草案》中指出，建立简便的破产程序不应损害利害关系方的权利及合法利益，包括获取信息、陈述意见、申请复审的权利。可见快捷、简单、灵活和低成本的简易破产制度，离不开相关的保障及制裁措施，以防止权利的滥用与欺诈等。其一，破产领域的监督机制不完善，难以充分保障破产制度的透明化、公信力。设立破产简易程序，往往会赋予法官更多的管理破产程序的权力，而目前我国破产程序基本由法院负责，同时债权人会议分担部分监督职能。但债权人会议作为会议体机构，无法经常性召集并及时作出决定，监督工作无法常态化、日常性。此外，债权人委员会由债权人会议选出，往往更关注自身利益能否实现，监督可能具有较大的形式特征。③ 其二，适用简易程序审理的个人破产案件，如何防止隐匿、转移、虚构债务，需要落实对债务人的监督，但我国与个人破产相关联的配套措施并不健全。其三，适用简易程序审理破产案件后，若发现存在无法适用简易程序，或不适宜继续适用简化方式审理等情形，如何对权利予以救济。

四、简易破产程序立法可行性

世界范围内，破产法历经了由简到繁又由繁入简的过程；具体到简易破产程序，积累的大量经验可供参考。

（一）培育破产吸引力的文化及观念

2005 年针对欧洲、美洲和亚洲的 35 个国家破产调研中，西班牙的正式破产率最

① See Dörr J O, Licht G & Murmann S, *Small Firms and the COVID-19 Insolvency Gap*, 58 Small Business Economics 1(2021).

② 2018 年全国企业注销量达 18,823 件（除重整案件），退市企业中选择破产程序不足 1%；2020 年全国企业注销达 289.9 万户，破产注销的达 3908 户，占比约 1%。

③ 《企业破产法》第 68 条规定，管理人、债务人违反破产法的规定拒绝接受监督的，债权人委员会有权就监督事项请求法院作出决定。

低,仅为 0.02%,这一现象被学者称为“西班牙企业破案之谜”(Spanish Business Bankruptcy Puzzle,SBBP),并指出异常低的破产率是因为该国的破产程序缺乏吸引力(unattractiveness of bankruptcy procedures)。[①] 该国破产制度吸引力较低,与破产程序的低效率、高成本有关,中小企业或过度投资于可抵押的固定资产(替代抵押贷款制度 alternative mortgage system),或选择低杠杆资本结构,有意降低破产申请的可能性。快速、廉价、灵活和高效被视为具有吸引力的破产制度的关键要素。[②]

破产程序为市场经济提供一套价值筛选工具,有效地区分了盈利项目和非盈利项目。在国家层面,破产法的设计超越了单一功能,反映出国家机构(或多或少)保护国内、外国、私人和公共投资者债权的能力。鉴于破产法在提升国家商业环境的吸引力方面发挥着重要作用,从国家意识角度不难看出世界各个国家和地区对破产制度的重视,并积极致力于构建一个具有吸引力的破产系统。

(二)高素质的破产职业共同体支撑

法治的良性运行,离不开一批高素质的法律职业人员,怀揣着法之必行的理想信念推进着法律的实施。英国“三站”训练,美国诊所式教学,德国强化专业素养和职业技能并行的法律教育,为其培养了大量实践型法律人才。以美国为例,美国法学院传承了以判例教学法为主的培养模式,在课程体系设置上注重交叉学科知识的学习;高度重视国家法、外国法、比较法知识与方法的学习,培养法科生的国际视野;同时提供数百门选修课以培育法科生的实务能力。如斯坦福大学法学院经常与其他学院共同开课,打破学科壁垒,跨越院系授课。

为提高破产办案效率,充分遵循破产案件专业性、复杂性的特点,多国推进司法职能专业化。美国设有相对独立性的司法机构——94 所破产法院,并配备任期达 14 年的破产法官专门审理破产案件,全国有三四千名司法辅助人员,协助破产案件相关工作的处理。[③] 此外,美国在不同类型的案件中设相应的管理人,并在行业内引进联邦官员,即“联邦托管人”负责管理人的选任与监管,在行政权下设破产管理署开展专业监管。

(三)充分尊重商事惯例并追求效率

21 世纪以来,经济的全球化推动着各国关于法律效率的研究。在此背景下,关

---

① See Detotto Claudio, Serra Laura & Vannini Marco, *Did Specialised Courts Affect the Frequency of Business Bankruptcy Petitions in Spain?*, 47 European Journal of Law and Economics 125(2019).

② See Oliver Hart, *Different Approaches to Bankruptcy*, 4 CESifo DICE Report 3(2006).

③ 参见吴在存:《美国破产重整及管理人制度的考察与启示》,载《人民司法(应用)》2018 年第 28 期。

于破产效率、程序简化及其后果的讨论正在世界多地区进行。市场准入法、市场交易法、市场退出法是支撑市场经济法治化的基石，破产法作为市场退出法的主要表现形式，应充分尊重商事主体对效率的追求。美国破产法充分遵循商事惯例，考虑到连续创业是小型企业破产最常见、最显著的特征，设置了经管债权人（debtor in possession，DIP）负责企业运营的原则。一旦提出破产申请，债务人便具有双重角色，并继续保留对经营与财务事项自行管理的权利，此做法能起到激励破产申请的作用。考虑到中小企业所有权与经营权的不可分性，以经管债权人制度为原则引入中小企业的重整程序中，既能适应中小企业法律特性，又体现了破产法顺应商事规则的灵活变通性。毋庸置疑，破产规则的设置应尊重商业实践。

此外，熊彼特提出的"创造性破坏"效应描述了一个过程，即资源从效率和创造力较低的公司重新分配至效率更高的公司，以此提高整体经济生产力和创新。通常，这种高效的资源重新分配过程在经济危机时期尤为强大。因此，破产法的程序设计应更科学，以培育创业精神，促进社会资源的重新分配。经验表明，破产程序更快的地区往往与更高水平的业务组建和公司增长有关，相应地，企业家也往往将破产效率纳入其创业因素的考量。企业家友好型破产法在清算和重组过程中以速度和效率为主要特点，对新公司的入市会产生积极影响。

（四）中小企业与个人破产的特殊需求

在欧洲，中小企业占比达 90%，绝大多数破产案件都与中小企业有关。2007 年英国少于 500 人的公司占 95%，56% 的公司不到 50 人。① 在这种情况下，一些国家以实现低成本、快速和实质性的破产为导向，将中小企业最终进入破产程序的可能性作为破产程序设计的重要考量因素，建立起灵活的破产制度。如美国《2019 年小企业重整法》就提升重整效率、降低重整成本，为中小微企业设立了一系列简化程序，具体表现为缩短提交重整计划的时限、取消强制批准中对同意组别数量的要求、取消披露声明的要求等。

现世界多地区建立并完善了个人破产制度。日本《民事再生法》设个人简易重整程序，即小规模的个人和工资所得者等再生程序。在韩国，2017 年首尔重整法院设立，并开展中小型企业破产重整项目（S-Track），个人破产案件被分到专门的审判庭

① Blazy Régis and Stef Nicolae, *Bankruptcy Procedures in the Post-transition Economies*, 50 European Journal of Law and Economics 7(2019).

以提升审结效率,且针对小额营业所得者适用简易重整程序。[①]

从比较法视角看,简易破产程序的立法可行性归纳为破产文化与观念、破产职业共同体、经济需求、特殊主体的考量等因素。

五、我国构建简易破产程序可行性进路

(一)加强破产人才培养和储备

从理论教育层面看,不妨采用以重点问题为导向的课堂互动方式,开展破产领域法教学为核心思维的同时注重交叉课程的配置,做到国际型、复合型与应用型的结合,跳出“纸面上的法”。传统上,高校开展法学教育历来按照部门法分类,秉承法教义学进行纵向切割,但这往往容易受到一定束缚。此外,应当建立全国性质的破产法学研究会,立足破产领域的实践问题和前沿理论,提升破产法学理论和实务研究水平。实践中,近两年多地区多省市破产法学研究会相继成立,但这与满足破产领域的人才需求相比仍有一段距离。

从实务层面看,一方面,要完善破产法官选任、考评机制。就选任机制而言,有的国家建立了一套多元化的破产法官选任机制,并建立任命制、选举制[②]并行的法官选拔方式。[③] 司法多元化使破产法官更具包容性与代表性,更能反映人民的呼声和经验,提升司法公信力。大陆法系中多数国家采用考训方式,依法定条件将基层法院任职的初任法官逐级遴选至上级法院。我国原则上多元招录、标准多元、逐级遴选,但法官的多元选任推行任重道远。[④] 就考评机制而言,虽然实践中有折算考核方式,但此种方式过于机械;破产案件的特殊性要求建立一套独立的破产审判绩效考核体系,以个案考核和分段考核为主、年度考核为辅,对破产法官履职能力进行综合考核并设立奖惩机制。现阶段全国成立了 15 家破产法庭,未来破产法院的设立指日可待,实属专业化进程之必要。

另一方面,壮大破产管理人队伍体系。截至 2022 年 1 月底,省级破产管理人协

---

① 参见卢泰岳、李英:《韩国破产法最新修改与破产法院的设立》,载《中国政法大学学报》2018 年第 4 期。

② 选举制度主要由普选制(selections)与择优选举制(merit selection)构成,后又探索出混合型选举制度。

③ 参见[美]凯特·贝利、杜启芳:《建立多元化的法官选任机制——联邦治安法官及破产法法官的遴选》,载《中国应用法学》2018 年第 4 期。

④ 参见方斯远:《论我国司法改革中初任法官选任制度的完善——以广东省试点改革为视角》,载《暨南学报(哲学社会科学版)》2019 年第 2 期。

会共成立 17 家,市级 145 家,海南、云南、西藏三省(自治区)尚未成立管理人协会。从分布上看,这些成立的管理人协会多集中在东南沿海地区,反映了地域上的不均。为促进政府、企业、破产管理人间的沟通,建议成立全国性破产管理人协会。此外,可以探索高校破产法教育与破产实务领域的合作,建设联合培养基地,多方聚力建设一支高素质的破产职业共同体。

(二)推动府院联动机制常态化

一是明确府院联动中的角色定位。破产法中引入府院联动机制,目的是借助行政机关的力量,推动破产案件有序、高效地运行。应当明确的是,市场化破产中司法为主导,政府为"行政配套",行政协调破产程序与外部环境之间的生态关系。二是落实府院联动机制的常态化。有学者指出,府院联动产生的原因在于,市场缺乏一套制度化、法治化的自查自纠破产问题解决方法,这决定了府院联动在破产中扮演着过渡性质的角色。① 市场中存在的某些问题非朝夕之间能解决,尤其是市场在配置资源过程中可能出现混乱和风险,因此需要府院机制的长期存在。考虑到府院联动机制的原则性,目前我国多地破产协调机构往往采取议事协调的方式,具有临时性,遵循"一事一议"的规则,设立破产服务与管理局能更妥当地解决破产中面临的大量行政事务。面向全国设立隶属国务院的破产服务与管理局,并在各地建立分支机构,垂直管理,在破产领域中创建多层次运行模式:法院主导下,债权人自治、破产管理人协会自律监管,破产服务与管理局提供行政服务。② 三是简易破产程序中是否需要府院联动,如何发挥其作用。本文认为,常规事项上开展法院和行政机关的配合,解决破产衍生出的信访、维稳、职工安顿、信用修复等问题。实践中的差异颇大,有时需要结合个案来考量,在不违背法律公平价值的前提下,尽可能地追求效率。

(三)多渠道培养破产效率意识

主观上,公民守法的原因可概括为成本层面、社会层面、制度层面三部分,其中成本原因被选率最高,包括时间成本、金钱成本及额外因素。③ 程序在公民主动守法的动机中至关重要。我国存在"重实体、轻程序"的问题,破产法中亦是如此。

一方面,确立破产中立原则。破产中立是指,破产者与非破产者在资质、经营、行业准入、社会援助等方面应受到同等对待,不得因曾经或正在经历破产程序而被差别

---

① 参见王新欣:《府院联动机制与破产案件审理》,载《人民法院报》2018 年 2 月 7 日,第 7 版。

② 参见范志勇:《从单向走向互动的破产府院联动机制——以我国法院的破产能动司法为中心》,载《中国政法大学学报》2021 年第 1 期。

③ 参见冯健鹏:《法治社会视野下的公众法治意识实证研究》,载《浙江学刊》2021 年第 3 期。

对待。将破产中立原则确立为破产法的基本原则,一定程度能打消民众破产耻感、破产歧视的恐惧心理,维护个人尊严,以理性抉择是否选择破产,为简易破产程序的适用扫清观念上的障碍。此外,目前我国宪法中并未涉及“破产”,有学者认为可将破产中立原则纳入宪法条款。[①] 这是从宪法层面确立破产制度、为破产立法提供合宪性基础,也是保护公民平等权、自由权等基本权利,削弱因破产受到的就业与资格准入歧视、减少因破产耻感遭受的“污名化”等。此外,积极开展破产法领域的宣传,以民众喜闻乐见的方式培育公民对破产法的科学认知;同时加强舆论导向,帮助公众树立正确的“偿债观”。

另一方面,在简易破产中树立正确的破产效率观。破产效率既是营商环境评估的一项指标,又是破产多方利益主体共同追求的价值目标,从一定程度上也能反映出破产制度设计的科学性。因此,简易破产应尽可能地实现持续经营的事前效率与资产最大化分配的事后效率并重与均衡。追求事前效率倾向采取清算程序,追求事后效率倾向重整程序。但实践中,有关重整是否可适用简易破产程序的做法不一,[②]普遍将重整排除出简易破产范围。倘若我国只规定简易清算而排除简易重整,不仅无法发挥重整的持续经营价值,而且会导致事前与事后效率的失衡,从而无法真正实现破产效率的提升。

(四)完善程序监督与程序转化

第一,落实破产检察监督机制的完善。基于公权力制衡、制度成本收益的需要,检察监督介入破产领域具有法理正当性。近年来,虚假破产现象层出不穷,一些企业采取不当的转移、处置资产等手段,借“破产”之名实现逃债目的。检察机关应履行监督职能,与法院、行政机关等部门协力,发现线索、调查取证。

第二,在个人破产领域,一方面要强化个人破产的配套措施,落实个人征信制度。[③] 个人信用时代下,另一方面要针对个人破产要建构起债权人、利害关系人、公众的监督,与法院、管理人、行政部门的监督形成监督合力,健全联动公示机制,落实平台建设,全方位、全流程拓展监督渠道,提示、明确风险。

---

① 参见张钦昱:《破产歧视与反歧视》,载《法学杂志》2021年第6期。

② 如最高人民法院《关于推进破产案件依法高效审理的意见》规定破产清算、和解案件法院可以适用快速审理方式。重庆市高级人民法院《关于破产案件简化审理的工作规范》将重整排除简易破产适用范围。山东省高级人民法院《关于破产案件简易快速审理的工作指引(试行)》未规定重整是否可适用简易破产程序。

③ 国务院《“十四五”市场监管现代化规划》首次明确要健全信用监管长效机制,完善信息归集公示、信用约束激励和信用风险分类管理。

第三,简易程序转换为普通程序的途径。国外立法例中关于简易破产程序的终止事由中存在“简易破产程序的决定被上一级法院撤销”[①]的情形。在适用简易程序审理案件过程中,发现简化审理的破产案件案情复杂,若存在不适用简易程序情形的,不适宜继续适用简化方式审理的案件,可转为一般破产审理程序。但同时要明确,“简易程序转为普通程序”应经上一级法院、院长或庭长批准,以保障程序不被滥用。此外,应赋予当事人对程序转化的异议权:当事人对法院适用破产程序审理的案件如存在异议,可以向上一级法院申请复议。“没有救济,就没有权利。”当事人通过复议权,可以弥补破产案件一裁终局存在的不足。

六、结　　语

法的变迁学说指出,法的内容在形式不变的前提下会因事实情境的改变而改变,即法的调控冲力波及其受众。法律必须与时俱进、灵活、“有学习能力”和最新,从“法律现实”之中寻找更新的程序。[②]

目前我国搭建起初步的破产规则运行机制,资源分配过程中的成本消耗过高使破产实用主义难以贯彻,导致实践中破产效用价值无法充分发挥。简易破产程序兼顾公正价值与衡平理念的双重属性,具有鲜明的效率和成本优势,有利于增强破产法的吸引力,节约法院处置破产事务的诉讼资源。该制度作用的有效发挥和要落实至规范性立法文本中,依赖于完善的配置体系。简易破产程序历经数十载探索,已具备必要性与可行性,但进一步发展需要完善相应的配套制度。碍于篇幅原因,本文尚未分析如何构建健全的制度运行体系与具体的操作规范,保证利益相关方在一个高效率的简易程序机制中顺利运转。而这也是简易破产程序在我国未来的发展中必须要关注的命题。

---

① 参见徐建新:《破产案件简化审理程序探究》,人民法院出版社 2015 年版,第 225 页。

② 参见[德]马蒂亚斯·耶施泰特:《法理论有什么用?》,雷磊译,中国政法大学出版社 2017 年版,第 107 页。

市场实务

INVESTOR

辽宁辖区上市公司投资者关系管理状况研究

郝勇博*

摘　要:2022 年 5 月 15 日,《上市公司投资者关系管理工作指引》正式实施。为反映辖区上市公司投资者关系管理现状及存在的问题,推动辖区上市公司充分理解《上市公司投资者关系管理工作指引》要求,有的放矢加强投资者关系管理,辽宁证监局以问卷调查等方式收集相关资料,对辖区 51 家上市公司投资者关系管理保障、网站投资者关系管理、开展投资者关系管理活动以及互动情况进行了分析评价。结果显示,辽宁辖区上市公司投资者关系管理工作总体上收获了较好成效,但在投资者关系管理活动形式和网站专栏内容等方面有待进一步优化。对此,建议相关公司进一步丰富活动形式、优化网站功能、完善配套制度及加强协作联动,从而扎实做好投资者关系管理各项工作,加强上市公司与投资者之间的有效沟通。

关键词:上市公司　投资者关系管理　互动沟通

投资者关系管理是指上市公司通过便利股东权利行使、信息披露、互动交流和诉求处理等工作,加强与投资者及潜在投资者之间的沟通,增进投资者对上市公司的了解和认同,以提升上市公司治理水平和企业整体价值,实现尊重投资者、回报投资者、保护投资者目的的相关活动。2004 年以来,中国证券监督管理委员会(以下简称证监会)和行业自律组织相继出台相关文件指导及规范上市公司开展投资者关系管理。2022 年 4 月 15 日,《上市公司投资者关系管理工作指引》(以下简称《指引》)正式发布。为引导辖区上市公司提升投资者关系管理水平和质量,辽宁证监局依据《指引》

---

* 辽宁证监局投资者保护工作处三级主任科员。

中相关要求,采用问卷调查、非现场检查、调取相关数据[①]等方式,对辖区上市公司投资者关系管理状况进行了评价,分析存在的问题并提出改进建议。

一、辽宁辖区上市公司投资者关系管理现状

(一)辖区总体情况

调查发现,辽宁辖区上市公司投资者关系管理保障情况较好,与全国上市公司平均水平进行比较(见图1),辖区公司在相关基础制度建设、投资者专线电话和邮箱设置等方面基本落实到位,业绩预披露方面表现较好;网站投资者关系管理情况及与投资者互动情况较一般;在上市公司业绩说明会、投资者说明会、线上线下与投资者沟通方面还需要进一步提升满足投资者实际需要。辖区公司在按照《指引》要求做好制度和沟通渠道建设的同时,在网站投关专栏内容安排、投资者关系管理活动组织、对"董监高"开展投资者关系管理培训、积极支持配合投资者维护合法权益等方面还存在较大提升空间。

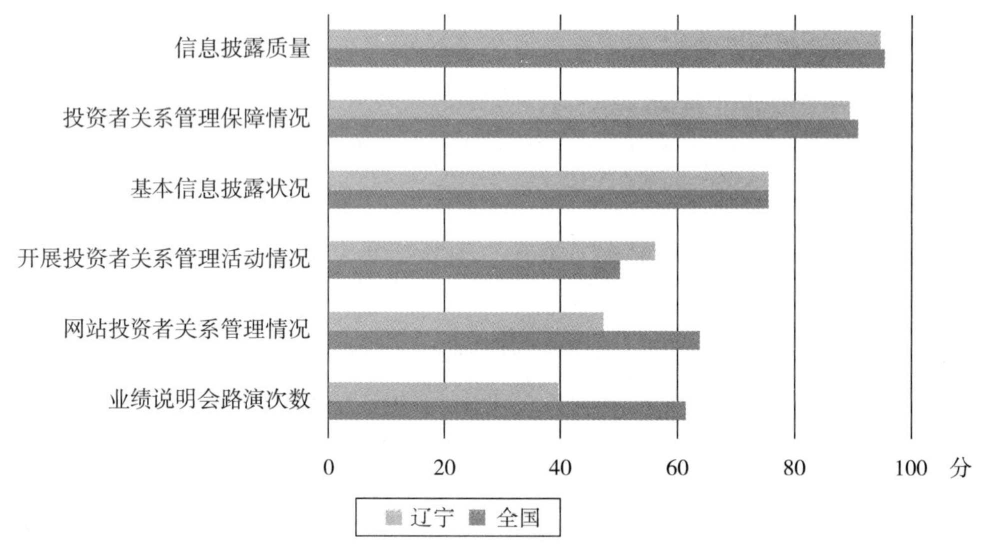

图1 辽宁辖区上市公司投资者关系管理保障情况部分指标得分全国上市公司平均水平对比

(资料来源:投保基金公司《中国资本市场投资者保护状况蓝皮书》中《上市公司评价报告(2021)》)

① 查阅《中国资本市场投资者保护状况蓝皮书》,并商请中国证券投资者保护基金有限责任公司(以下简称投保基金公司)提供相关数据。

（二）投资者关系管理保障情况

问卷调查结果显示（见图 2），辖区上市公司设置“投资者热线”和“投资者联系邮箱”的比例较高，分别达到 100% 和 94%；2019 年至今，[①]辖区共有 12 家公司的联系方式发生了 13 次变更，均通过公司公告、交易所网站、权威媒体等渠道及时进行了披露。制度保障方面，辖区 47 家上市公司共制定了《投资者关系管理制度》《投资者关系管理人员行为规范》《投资者接待及推广制度》等 50 项制度，占比达 92.16%，显著高于全 A 股 70.37% 的平均水平。人员保障方面，辖区 51 家上市公司全部设有专职部门开展投资者关系管理工作，其中专职人员达到 2 人及以上的公司约占 61%。同时，辖区共有 45 家上市公司完成了投资者关系管理档案数据库的建设，已留存 547 份电子或纸质档案。辖区上市公司在投资者关系管理的渠道、制度等各项保障方面工作较好。

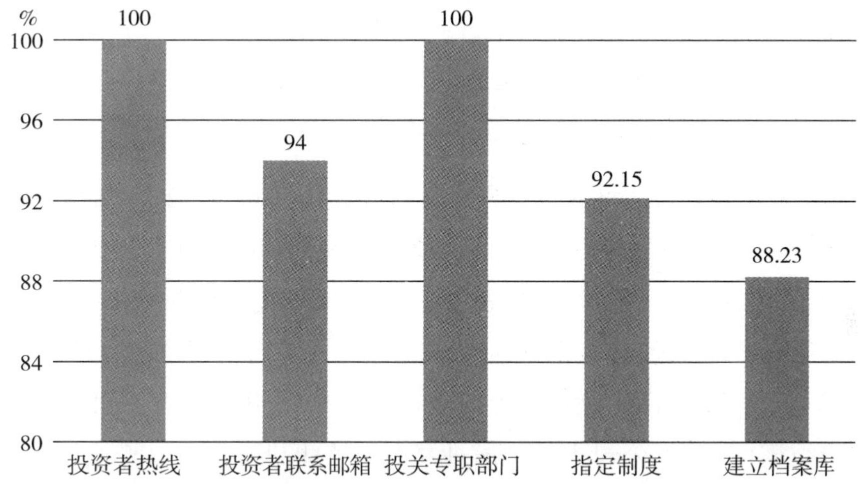

图 2　辽宁辖区上市公司投资者关系管理保障情况

（三）投资者网络沟通渠道建设情况

截至目前，辖区共有 42 家上市公司建有官方网站，并全部开设独立的 IR（投资者关系管理）专栏，占比超 80%，与 A 股上市公司整体水平相当。上述 42 家公司从 2019 年至今共更新 IR 专栏 2869 次，发布信息 6752 篇（见图 3）。除此之外，使用交易所、登记结算机构的网络基础设施平台开展投资者关系管理的公司有 50 家，2019 年至今累计发布信息 430 篇；辖区 11 家公司在微信、东财、雪球、同花顺等

---

① 统计时间截至 2022 年 5 月 15 日，下同。

新媒体平台开通账号共15个,其中6家公司及时通过官网对其新媒体平台进行公示。

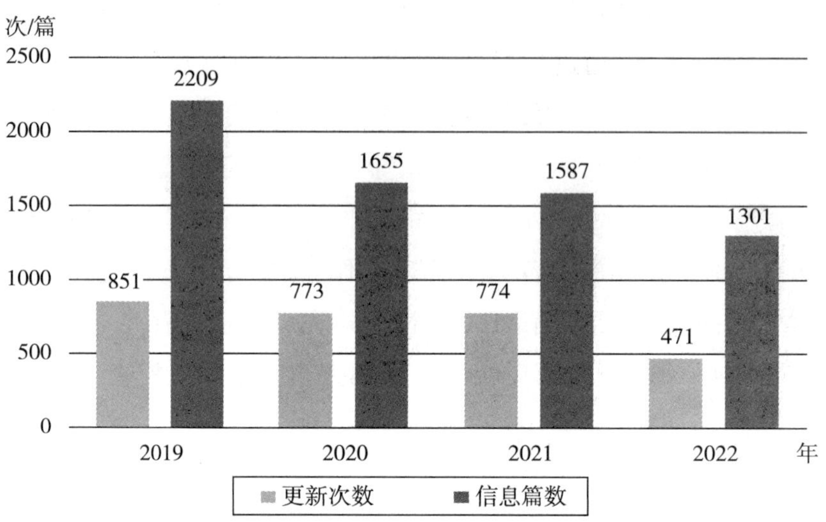

图3 辽宁辖区上市公司IR专栏更新情况

(四)开展投资者关系管理活动情况

辖区公司广泛采取业绩说明会、网上投资者集体接待日、接待投资者来访调研、线上线下路演活动、分析会议等方式,开展投资者关系管理活动。2019年至2021年,辖区有42家公司共召开116次业绩说明会;年均1次以上的公司有23家,单一公司在一个会计年度内最多曾举办7次业绩说明会;从未召开业绩说明会的公司有9家,占比17.65%,远低于同期全部A股上市公司中未举办的占比52.32%。同时,在定期报告披露前,上市公司主动披露业绩快报的情况较好,一个会计年度内披露业绩快报4次、3次、2次和1次的公司分别有10家、8家、8家和14家,近年来一直领先于全国平均水平,在投保基金开展的上市公司投资者保护状况评价中得分较高(见图4)。

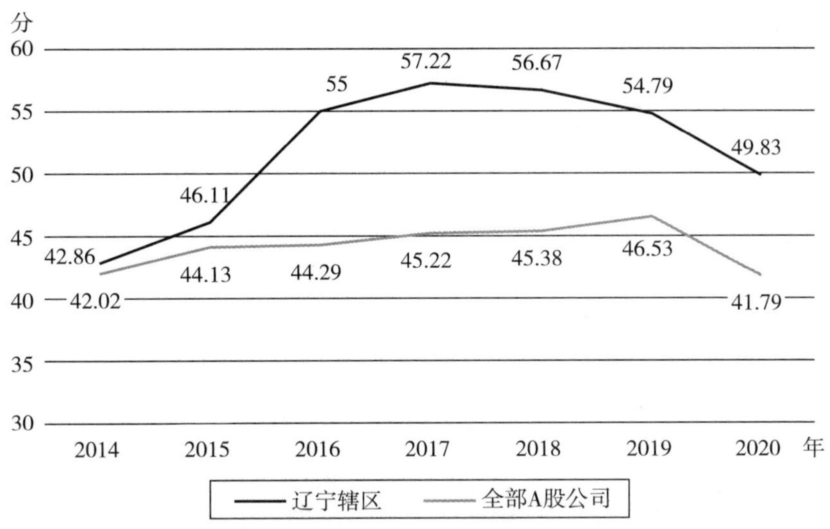

图 4　辽宁辖区与全部 A 股上市公司业绩与披露得分走势对比

（资料来源：投保基金公司数据库）

辖区公司通过接待来访调研、举办“投资者网上集体接待日”（见表 1）及线上线下路演等方式畅通中小投资者的沟通渠道。2019 年以来，辖区公司接待投资者来访调研 545 次，其中年平均接待 12 次以上的公司有 3 家，9 家公司举办了分析师会议，没有接待过投资者的有 20 家，占 39.22%。2019 年至今，48 家上市公司开展网上集体接待日或单独召开网上接待日，总计 211 次；18 家公司 3 年累计通过 305 次路演加强与投资者之间的联系。

表 1　辽宁辖区上市公司 2019 至 2022 年开展投资者关系管理部分活动情况　　单位：次

活动类型	2019 年	2020 年	2021 年	2022 年
接待来访调研	148	139	181	77
投资者网上集体接待日	49	53	72	37

注：统计时间截至 2022 年 5 月 15 日，下同。

（五）投资者互动情况

辖区公司与投资者互动情况总体较好。其中，为确保投资者联系电话等渠道畅通，辖区全部上市公司均指定熟悉情况的专人负责接听投资者电话。在 2020 年、2021 年的测试中，分别有 3 家、7 家公司存在未及时接听电话的情况，经调查发现主要原因为更新电话号码（已及时公告，测试时拨打的是年报中披露的号码），辖区公司投资者热线畅通情况总体良好。此外，辖区共有 47 家上市公司积极通过交易所“e

互动"等平台对投资者的问题进行"点对点"回复。2019 年至今累计回答问题 12,101 次(见图 5),其中排名前三的是机器人、航锦科技、华锦股份,分别回答 1453 次、1008 次和 720 次。值得注意的是,辖区公司在过去一年中回复投资者邮件的情况不甚理想,仅 8 家公司做到及时有效回复邮件,占比约为 15%,略低于全部 A 股公司 18% 的平均水平。

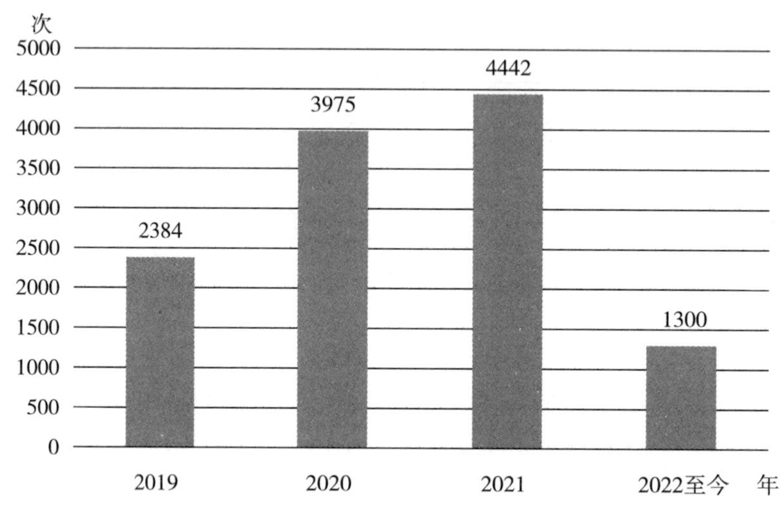

图 5　辽宁辖区上市公司通过交易所平台回复问题次数

二、辖区公司投资者关系管理主要问题分析

(一)投资者关系管理活动形式不够丰富

一方面,辖区公司通过"投资者网上集体接待日"活动,有效建立与投资者的沟通渠道,但是也存在过于依赖该活动,自主开展活动的积极性不足的问题。在参与"投资者网上集体接待日"活动的 48 家上市公司中,仅有 11 家公司在活动外单独通过网上接待日方式与投资者进行沟通,总计 211 次的网上接待日活动中集体接待共 155 家次,占比为 73.46%。由此可见,在网上集体接待日集中接待投资者后,辖区大部分公司缺少在全年其他时间与投资者进行网上沟通的实践。2020 年以来,辖区公司运用中国投资者网或对接投教基地开展的投关活动较少,辖区仅 2 家公司曾运用中国投资者网,有 4 家公司对接投教基地开展 7 次活动。

另一方面,新实施的《指引》要求公司应当积极召开投资者说明会,并明确规定了相关要求。本次调查对辖区公司 2019 年至今召开说明会的情况进行了统计(见表

2)。结果显示,辖区大部分公司召开投资者说明会时符合《指引》相关要求,但也存在2家公司因临时召开说明会而未做到事先公告的问题。同时在《指引》实施之前,辖区存在个别公司在相关重大事件受到市场高度关注或质疑、披露重组预案或重组报告书后,终止重组时未召开投资者说明会的情形。在后续开展投资者关系管理活动须更加重视投资者说明会及相关工作,积极向投资者介绍情况、回答问题、听取建议。

表2　辽宁辖区上市公司召开投资者说明会情况

年份	情形A[1]		情形B[2]		情形C[3]		情形D[4]		情形E[5]	
	发生次数	说明会次数	发生次数	说明会次数	发生次数	说明会次数	发生次数	说明会次数	发生次数	说明会次数
2019	2	3	2	2	0	0	1	0	14	14
2020	2	2	2	1	0	0	0	0	17	18
2021	3	3	1	1	0	0	1	0	31	31
2022	3	3	0	0	0	0	2	1	24	25

注:1. 当年现金分红水平未达相关规定,需要说明原因。
2. 在披露重组预案或重组报告书后终止重组。
3. 证券交易出现异常波动,公司核查后发现存在未披露重大事件。
4. 相关重大事件受到市场高度关注或质疑。
5. 其他应当召开投资者说明会的情形。

(二)网站投资者关系管理专栏建设有待完善

目前,辖区共有9家公司尚未建设自身网站,已经建设投资者关系管理专栏的42家公司,尽管积极在网站上更新信息,但部分公司存在内容不够完善等问题,个别公司的专栏中内容单一,不利于投资者获取信息。本次问卷调查重点统计了9项投资者较关注的信息在公司投资者关系管理专栏中的披露情况(见表3)。其中公司基本情况、公司公告等信息披露情况较好,分别占到78.57%和88.10%;历年分红情况、路演及业绩说明会回放、社会责任等信息披露较少,均不足1/5。同时,辖区上市公司在召开业绩说明会、投资者说明会时,利用网站征集投资者关注的问题不够。此外,辖区开设新媒体平台账号的公司较少,占比约为21%,主要依赖交易所互动平台与投资者进行即时性沟通。

表 3　辽宁辖区上市公司投资者关系专栏披露情况

序号	投资者关注内容	在网站披露的公司家数	占比/%
1	股票行情	22	52.38
2	公司基本情况,高管简历,制度建设	33	78.57
3	公司公告、财务报告	37	88.10
4	投资者咨询、投诉和建议	13	30.95
5	投资者关系管理信息	13	30.95
6	历年分红状况说明	13	14.29
7	常见 Q&A、互动问答	6	23.81
8	路演及业绩说明会文字、视频回放	10	14.29
9	高层演讲,社会责任	6	16.67

(三)开展投资者关系管理的主动性不足

本次问卷调查中,辖区公司建议监管机构、交易所、行业协会等增加投资者关系管理相关培训的呼声最高。根据统计显示,辖区 48 家公司定期对董事、监事、高级管理人员和工作人员开展投资者关系管理相关培训,其中仅 18 家公司曾自主开展培训,其余公司均参与监管机构、行业协会等开展的培训。2019 年至今,辖区公司对“董监高”开展投资者关系管理培训 329 次,其中 237 次为参与外部培训(见图 6),占比达到 60.92%,公司自主开展培训的程度不够。

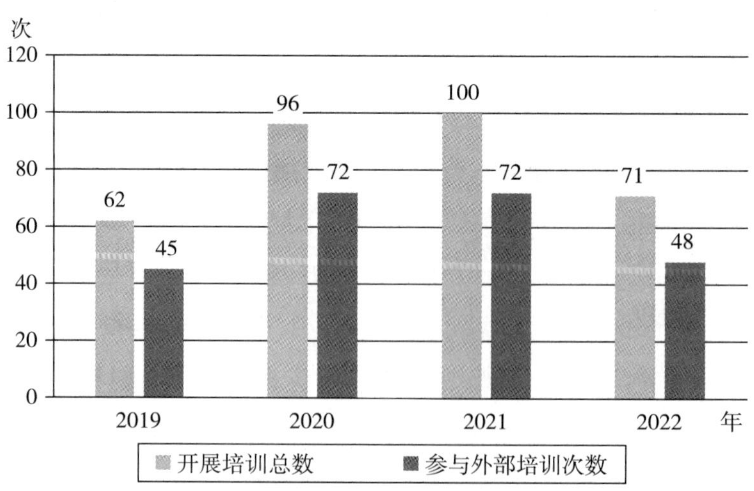

图 6　辽宁辖区上市公司开展投资者关系管理培训情况对比

(四)维护和保障投资者合法权益工作仍需加强

辖区公司在召开股东大会时,基本做到充分考虑股东大会召开的时间、地点和方式,为股东特别是中小股东参加股东大会提供便利。绝大部分公司召开股东大会均符合《指引》标准,但仍有1家公司在召开股东大会时未提供网络投票的方式;3家公司没有为投资者发言、提问以及与公司董事、监事和高级管理人员等交流提供必要的时间;12家公司在股东大会召开前,未做到与投资者充分沟通并广泛征询意见。

本次调查对辖区公司支持配合投资者维护合法权益的情况进行了统计(见表4)。统计结果显示,辖区有23家公司公开表示已开展相关工作,但其中切实维护投资者合法权益超过50人次的公司仅8家,其余公司尚未在相关工作中收获成效。在已有相关实践的公司中,抚顺特钢总计支持投资者维护合法权益3324人次,排名第一,比第二名多约3000人次,辖区其他公司需在相关工作中着力改进。

表4　辽宁辖区上市公司支持配合投资者维护合法权益情况

支持配合投资者维护合法权益举措	人次
积极支持配合投资者依法行使股东权利的行为	3281
积极支持配合投资者保护机构持股行权、公开征集股东权利、纠纷调解、代表人诉讼等各项活动	111
投资者与上市公司发生纠纷时,投资者向调解组织申请调解后,公司积极配合调解工作	814
投资者向公司提出的诉求,公司承担处理的首要责任,依法处理、及时答复投资者	393

三、提升投资者关系管理质效的建议

(一)增加投资者关系管理活动的多样性

投资者关系管理活动是上市公司与投资者进行深度交流的最直接有效途径,通过线上、线下面对面沟通,上市公司能够集中、直接地对投资者的咨询进行反馈。目前,辖区通过"网上投资者接待日"这一方式,由行业协会组织公司在每年集中开展投资者关系管理活动,然而部分公司存在"搭便车"心理,每年一次的集体接待日外不再自主开展公司的投资者接待日、业绩说明会等其他投资者关注的重要活动。本文建议监管部门、行业协会、证券交易所加大引导力度,提供更多便利条件,发布典型案例,提高上市公司自觉开展投资者关系管理活动的积极性,丰富活动形式,积极开展

"云走进"上市公司、线上"数字发布会"、投资者关系管理月等特色活动,使上市公司在全年各时段保持与投资者的常态化紧密联系。

(二)优化网站及新媒体平台的交互功能

随着移动互联网技术的发展,网站和微信、微博等新媒体平台成为投资者获取公司信息的重要媒介,成为上市公司面向投资者的窗口。通过网站及新媒体平台向投资者公示信息,具有覆盖面大、时效性强、内容丰富、便于检索等优势,然而大多数公司在应用互联网开展投资者关系管理工作时忽视投资者需求,内容匮乏且与交易所等其他权威网站重复,投资者难以了解更多公司信息。为优化在网站及新媒体平台的交互功能,一是需要从投资者需求角度出发,进一步完善网站投资者关系管理专栏的内容建设,切实利用网站将有用的信息展示给投资者;二是可以尝试将公告、直播活动回放等通过交易所、全景网及其他权威平台能够查询到的"重复"内容,以"外部链接"的形式放置在专栏中,发挥网站窗口功能的同时避免增加后期维护成本造成资源浪费,可将更多重心放在其他直接与投资者互动的内容上;三是考虑到各公司对新媒体平台账号的实际需求不同,对于单独开设账号有困难的公司,可借鉴"投资者网上接待日"的形式,由行业协会组织各公司共同建设"投关联盟"形式的集体账号,由辖区公司共同维护,根据实际需要交替应用其开展活动。

(三)完善并严格执行投资者关系管理相关制度

投资者关系管理工作是一项系统化工程,需要从长期发展的角度予以重视,有必要制定、完善细致且行之有效的制度来保障。从调查情况来看,多数公司都完成了基础制度建设工作,但是一些公司的制度内容不够全面,存在未涉及投资者接待或投诉处理等规范细则,或认为相关内容已规定在公司章程等其他文件中,不必在投资者关系管理制度中单独体现等问题。为做好投资者关系管理工作,一方面,上市公司需要结合《指引》各项要求,对公司投资者关系管理制度重新进行系统梳理和编制,进一步优化制度建设。另一方面,对于定期开展针对"董监高"的投资者关系管理培训、支持配合投资者保护机构维护中小股东权益、股东大会前充分征集中小股东意见建议等目前落实不到位的事项,上市公司须结合自身实际情况,制定有针对性的措施对相关工作予以保障,切实以制度建设为抓手提升投资者关系管理工作质效。

(四)加强在投资者教育领域的合作交流

以证监会开展的"读懂上市公司报告"等投资者教育专项活动为契机,开展各类投资者教育活动,是拉近公司与投资者之间距离的有效手段。从长远看,投资者关系管理工作需要上市公司积极与交易所、投资者保护机构、行业协会、投资者教育基地、证券经营机构等各方共同推动,联合开展走进上市公司、走进投资者教育基地等线下活动;合作开发覆盖投资者适当性、证券基础交易规则、警示退市风险以及维护投资者合法权益等方面的投资者教育产品;对接媒体通过各大平台以开设专栏、线上直播等方式提振宣传声量。促进广大中小投资者树立理性投资、价值投资、长期投资的投资理念,培育与全市场注册制相适应的投资者队伍,切实为投资者办实事、办好事。

证券监管执法的若干典型问题及完善建议

——基于证监会2021年345例行政处罚的实证研究

黄江东[*]　施　蕾[**]

摘　要:2021年是《证券法》衔接过渡之年,证监会全年共作出345例行政处罚决定。本文对行政处罚决定所涉违法行为、处罚对象、罚没金额、执法周期、当事人陈述申辩等进行全景分析,在此基础上检视现阶段证券监管执法呈现的典型问题,如行政处罚裁量基准缺失、行政和解制度被虚置、监管执法周期过长、行政听证未能充分发挥实质功能、合规激励尚未嵌入监管执法等。针对这些问题,本文建议对监管执法制度进行规范与重塑,具体包含制定并公开行政处罚裁量基准、缩短执法周期、激活中国特色行政和解、强化听证制度及探索建立合规不处罚或从轻处罚机制等。

关键词:证券监管　行政处罚　执法效果

2020年3月1日,最新修订的《中华人民共和国证券法》(以下简称2019年《证券法》)正式施行。国务院办公厅同步印发了《关于贯彻实施修订后的证券法有关工作的通知》(以下简称《国务院通知》),提出要从稳步推进证券公开发行注册制、依法惩处证券违法犯罪行为、加强投资者合法权益保护、加快清理完善相关规章制度等各方面部署,做好《证券法》的贯彻实施工作。为落实《国务院通知》并与《中华人民共和国证券法》及《中华人民共和国行政处罚法》(2021年修订)等法律实施相配套,2020年以来,中国证券监督管理委员会(以下简称证监会)和证券交易所修改、废止、

---

* 法学博士,国浩律师(上海)事务所律师。

** 法学博士,国浩律师(上海)事务所律师。

解释了一系列行政法规、部门规章和规则,以建立多层次、全方位的证券法规体系。①

"天下之事,不难于立法,而难于法之必行。"②证券法规具有细化上位法、提供执法指引、稳定市场预期等积极作用,对推动资本市场高质量发展意义重大,但其具体执行效果仍有待市场的检验与判断,证券行政处罚决定恰恰是监管机构执法理念和法律实施效果最集中的体现。基于此,本文以证监会2021年度作出的全部345例证券行政处罚案件为样本,对证券法律法规的制定和执行情况展开实证分析,进而聚焦影响证券监管执法的若干典型法律问题,并就如何完善提出建议。

一、制度概览:主要证券监管政策及法规

(一)《关于依法从严打击证券违法活动的意见》——指明执法方向

2021年7月6日,中共中央办公厅、国务院办公厅印发《关于依法从严打击证券违法活动的意见》(以下简称《打击证券违法意见》),这是我国资本市场历史上第一次以中共中央办公厅、国务院办公厅名义联合发布关于证券执法的专门文件,规格之高前所未有。

《打击证券违法意见》的核心内容包括:确立"建制度、不干预、零容忍"的九字方针主基调;明确完善证券监管执法总体目标、完善资本市场违法犯罪法律责任制度体系、健全依法从严打击证券违法活动的执法司法体制机制、强化重大证券违法犯罪案件惩治、加强跨境监管执法司法协作、提升证券执法司法能力和专业化水平等。《打击证券违法意见》目标清晰、路径明确,为未来较长一段时间内的证券监管执法工作指明了具体方向。

(二)《证券期货违法行为行政处罚办法》——规范执法程序

2021年7月15日,证监会发布《证券期货违法行为行政处罚办法》,这是首部规范证券稽查和处罚工作的部门规章,对规范证券行政执法程序、提升稽查处罚效能提供了有力的制度支撑。

《证券期货违法行为行政处罚办法》主要从以下方面规范证券行政执法程序:第一,明确立案程序,首次对行政处罚时效作出区分;第二,明确证据要求,列明了稽查

---

① 为简便行文,本文将《中华人民共和国证券法》实施的配套规范文件统称为"证券法规",主要包括国务院制定的证券行政法规、证券监管机构制定部门规定和其他规范性文件以及交易所等制定的自律监管规定。将所有证券法律实施规范统称为"证券法律法规"。

② 习近平:《关于〈中共中央关于全面推进依法治国若干重大问题的决定〉的说明》,载新华网,http://www.xinhuanet.com//politics/2014-10/28/c_1113015372_2.htm。原出(明)张居正:《请稽查章奏随事考成以修实政疏》。

执法取证的证据种类及取证要求;第三,优化查审流程,明确规定证监会层面设立行政处罚委员会,实行“查审分离”模式;第四,明确规定行刑衔接程序,即证监会及其派出机构在行政处罚过程中发现违法行为涉嫌犯罪的,应当依法、及时将案件移送司法机关处理;第五,完善行政执法体系,推进行政执法当事人承诺制度落地。

(三)《证券期货行政执法当事人承诺制度实施办法》——丰富执法方式

2021年11月29日,国务院发布《证券期货行政执法当事人承诺制度实施办法》[①](以下简称《当事人承诺制度实施办法》),在行政法规层面落实了2019年《证券法》第171条规定的中国特色证券行政和解制度。证监会随即通过《证券期货行政执法当事人承诺制度实施规定》[②](以下简称《当事人承诺制度实施规定》),进一步细化当事人承诺制度的实施。

《当事人承诺制度实施办法》主要从以下方面重构了中国特色证券行政和解制度:第一,不再限定案件类型,涉嫌证券期货违法的各类行为均可适用;第二,完善适用情形的“负面清单”、取消“正面限定”,极大提高了承诺制度的可适用性;第三,当事人接受初步调查阶段即可提交申请,不再以正式立案调查为前提;第四,适用流程清晰明确,当事人严格履行承诺协议后,方可终止调查;第五,明确承诺认可协议的性质,其不构成当事人的自认违法,亦不属于行政处罚或监管措施,更不会因同一行为面临再次调查;第六,明确承诺金制度,及时赔偿投资损失。

(四)其他

证监会、证券交易所还相继就信息披露、内幕交易、操纵市场等执法重点领域的规章规则进行细化,如修改《上市公司信息披露管理管理办法》[③]《证券市场禁入规定》[④]《上市公司监管指引第5号——上市公司内幕信息知情人登记管理制度》[⑤]等。

二、实证考察:2021年度证券行政处罚案件全景分析

2021年仍是《证券法》修订后的衔接过渡之年。证监会(含地方证监局)全年共

---

① 《证券期货行政执法当事人承诺制度实施办法》,中华人民共和国国务院令第749号,2022年1月1日起施行。

② 《证券期货行政执法当事人承诺制度实施规定》,中国证券监督管理委员会令第194号,2022年1月1日起施行。

③ 《上市公司信息披露管理办法》,中国证券监督管理委员会令第182号,2021年5月1日起施行。

④ 《证券市场禁入规定》,中国证券监督管理委员会令第185号,2021年7月19日起施行。

⑤ 《上市公司监管指引第5号——上市公司内幕信息知情人登记管理制度》,中国证券监督管理委员会公告〔2022〕17号,2022年1月5日起施行。

作出345例行政处罚决定，其中，适用2019年《证券法》作出的行政处罚共计82例（部分行政处罚同时适用修订前后的《证券法》），占到了全年行政处罚总数的1/4。2021年证券行政处罚案件提供了丰富的素材和视角，对其进行全景分析，有助于观察2019年《证券法》时代的监管执法重点和难点、执法标准和理念。①

（一）证券行政违法行为类型

信息披露违法、内幕交易、操纵市场、中介机构违法依然是证券监管处罚的重点（见图1）。2021年全年，涉及上市公司信息披露违法的行政处罚案件有106例、涉及内幕交易的有110例、涉及操纵市场的有21例、涉及中介机构违法的有21例，这4类违法行为占全年行政处罚案件总数的3/4。尤其是信息披露违法和内幕交易案件，处罚数量多年来居高不下，已成为资本市场最易发、频发的违法类型。

同时，2021年证券违法行为表现更多样。例如，全年涉及私募机构违法违规的处罚案件有22例，违法行为涉及登记备案、基金销售、资金募集等多个环节；又如，非法出借、借用证券账户行为仍屡禁不止，证监会全年共计作出行政处罚11例。②

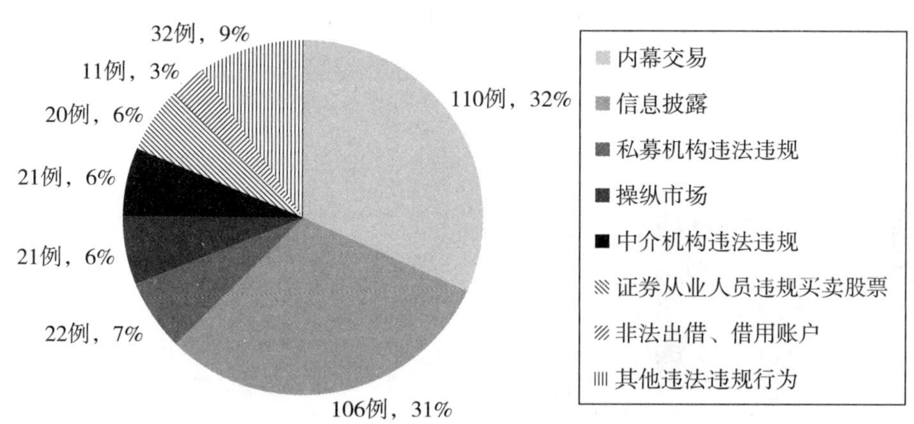

图1　2021年证券行政违法行为类型分布情况

（二）证券行政处罚对象多样

第一，信息披露违法行政处罚案件中，共涉及51家上市公司责任主体、410名个人责任主体。从责任人员在上市公司担任的职务来看，主要为实控人、董事、监事和其他高级管理人员（见图2）。

① 参见黄江东、施蕾：《2021年度证券监管执法全景观察》，载《中国金融》2022年第8期。

② 参见黄江东、施蕾：《2021年度证券监管执法全景观察》，载《中国金融》2022年第8期。

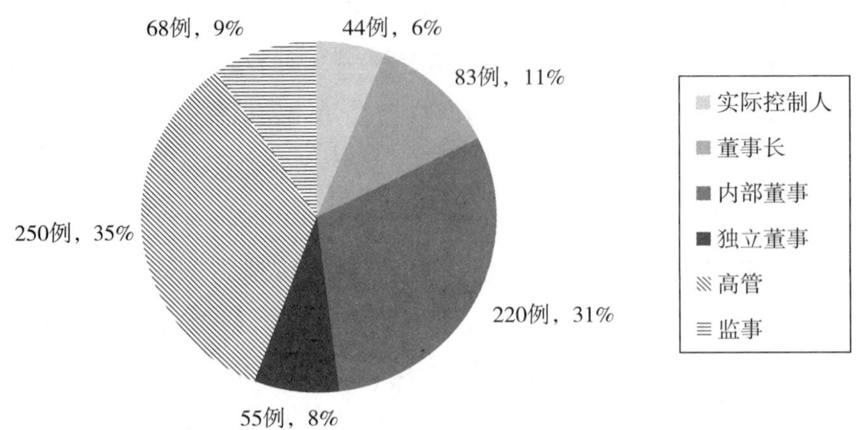

图 2　上市公司董监高信息披露违法的比例

第二,内幕交易行政处罚案件中,共涉及 143 名处罚对象,其中有 3 家单位主体、140 名个人主体,由此可见,单位内幕交易极少见。个人主体中,法定内幕信息知情人从事内幕交易的共处罚 38 人次,占 27%;基于联络接触从事内幕交易的共处罚 91 人次,占 65%;非法获取内幕信息而从事内幕交易的共处罚 3 人次,占 2%;泄露内幕信息的共处罚 9 人次,占 6%(见图 3)。此外,上市公司董事长因内幕交易受到处罚的为 5 人次,占 3.6%。

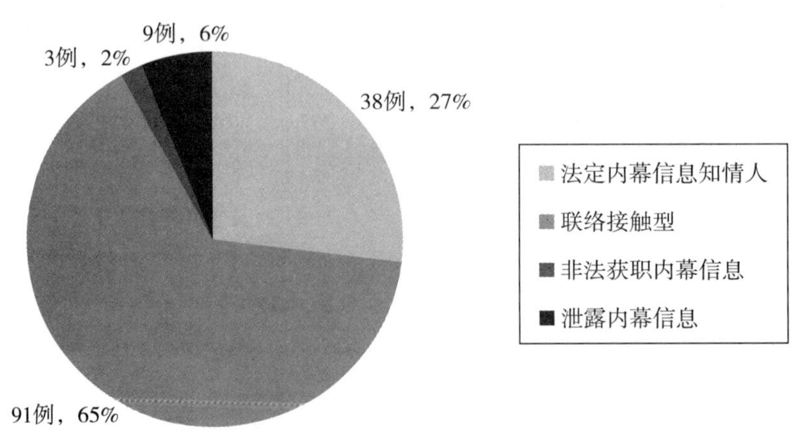

图 3　内幕交易处罚对象的类型

第三,操纵市场行政处罚案件中,共涉及 32 名处罚对象,其中有 1 家单位主体、31 名个人主体。从处罚对象的身份来看,上市公司大股东(或董事长)参与操纵市场的案例有2例,其中"陈某铭、谢某、胡某操纵市场案"[①]系典型的"伪市值管理型"操纵市场。该案中,上市公司董事长陈某铭通过安排配资交易的方式达到其稳定股价、规避质押风险的目的。

第四,中介机构违法的行政处罚案件中,涉及会计师事务所13例、律师事务所1例、证券公司4例、资产评估机构2例(见图4)。对中介机构作出行政处罚的同时,中介机构的责任人员亦难辞其咎,2021年全年证监会对43位中介机构的责任人员作出行政处罚。[②]

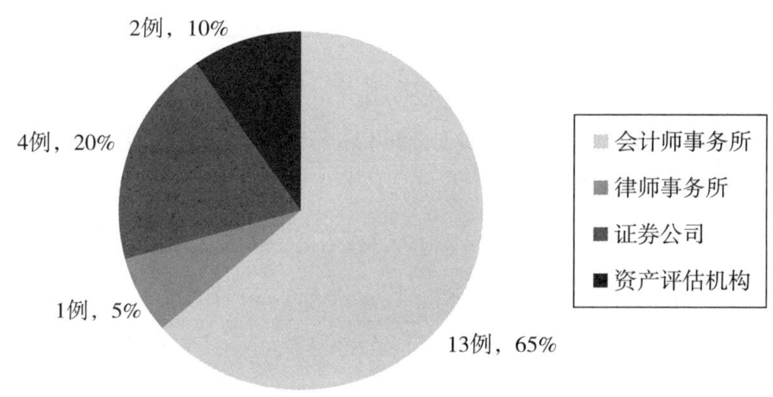

图4　中介机构违法数量分析

(三)行政处罚金额及罚没

1.信息披露违法的行政处罚金额

2021年,适用《中华人民共和国证券法》(2005年修订)(以下简称2005年《证券法》)作出的信息披露违法行政处罚共计90例,罚款金额普遍较低。一般情况下,对上市公司的罚款金额为30万元至60万元不等,平均罚款金额为55.8万元;其他责任人员视所涉违法行为及情节轻重,被处以3万元至30万元不等的罚款,平均罚款金额为19万元。

适用2019年《证券法》作出的信息披露违法行政处罚案件共计25例,罚款金额显著提高。上市公司的罚款金额为50万元至600万元不等,平均罚款金额为207.5万元;其他责任人员视所涉违法行为及情节轻重,被处以20万元至450万元不等的

① 中国证监会行政处罚决定书〔2021〕27号(周某俭、陈某科),中国证监会行政处罚决定书〔2021〕28号(陈某铭、谢某、胡某)。

② 参见黄江东、施蕾:《2021年度证券监管执法全景观察》,载《中国金融》2022年第8期。

罚款,平均罚款金额为 107.5 万元(具体对比见表 1)。[①]

表 1　修订前后《证券法》关于信息披露违法的罚款金额对比

适用法律	信息披露义务人的顶格罚款（2021 年平均罚款金额）	相关责任人员的顶格罚款（2021 年平均罚款金额）
2005 年《证券法》第 193 条	60 万元(顶格)（55.8 万元）	30 万元(顶格)（19 万元）
2019 年《证券法》第 197 条	1000 万元(顶格)（207.5 万元）	500 万元(顶格)（107.5 万元）

2. 内幕交易的行政处罚金额及罚没比例

内幕交易行政处罚案件的罚没金额根据违法主体的具体违法行为及具体违法所得而有所不同。2021 年适用 2005 年《证券法》作出的内幕交易行政处罚共计 87 例。获利型内幕交易案件 55 例,占 63.22%,“中程租赁有限公司、盛某莲、金某内幕交易案”[②]获利最多,共计 67,972,321.14 元,证监会对该案作出没一罚二的行政处罚;亏损型内幕交易案件 32 例,占 36.78%,“潘某内幕交易案”[③]亏损最多,证监会对其作出罚款 60 万元的行政处罚。

适用 2019 年《证券法》作出的内幕交易行政处罚共计 22 例。获利型内幕交易案件 17 例,占 77.27%,“孔某魁内幕交易案”[④]获利最多,共计 5,182,261.1 元,山西证监局对该案作出没一罚三的行政处罚;亏损型内幕交易案件 5 例,占 22.73%;“程某博内幕交易案”[⑤]亏损最多,证监会对该案作出罚款 100 万元的行政处罚。修订前后《证券法》关于内幕交易的罚款金额变化较大(具体对比见表 2)。

内幕交易案件的罚没比例上,全年“没一罚一”的数量为 21 例,占 42%;“没一罚二”的数量为 18 例,占 36%;“没一罚三”的数量为 16 例,占 21%;“没一罚四”的数量为 1 例[⑥],占 2%,该案行政处罚系依据 2019 年《证券法》作出。[⑦]

① 黄江东、施蕾:《2021 年度证券监管执法全景观察》,载《中国金融》2022 年第 8 期。

② 证监会行政处罚决定书〔2021〕50 号(中程租赁有限公司、盛某莲、金某)。

③ 证监会行政处罚决定书〔2021〕103 号(潘某)。

④ 山西证监局行政处罚决定书〔2021〕1 号(孔某魁)。

⑤ 深圳证监局行政处罚决定书〔2021〕3 号(程某博)。

⑥ 山东证监局行政处罚决定书〔2021〕11 号(于某水)。

⑦ 参见黄江东、施蕾:《2021 年度证券监管执法全景观察》,载《中国金融》2022 年第 8 期。

表2　修订前后《证券法》关于内幕交易的罚款金额对比

适用法律	有违法所得	无违法所得或违法所得不足的
2005年《证券法》第202条	违法所得1～5倍罚款	3万～60万元
2019年《证券法》第191条	违法所得1～10倍罚款	50万～500万元

3.操纵市场的行政处罚金额及罚没比例

操纵市场违法行为的行政处罚罚没原则与内幕交易类似。2021年适用2005年《证券法》作出的操纵市场行政处罚共计17例。获利型操纵市场案件13例，占81.25%，"潘某忠操纵市场案"①获利最多，共计223,272,994.82元，证监会对该案作出没一罚一的行政处罚；"周某俭、陈某科操纵市场案"②亏损最多，证监会对该案共作出罚款300万元的行政处罚。

适用2019年《证券法》作出的操纵市场行政处罚共计2例。获利型操纵市场案件1例，占50%，系"江某操纵市场案"③，获利共计2,149,995元，证监会对该案作出"没一罚二"的行政处罚；另1例为"景某操纵市场案"④，亏损共计2,689,736,137.2元，证监会对该案作出罚款500万元的行政处罚。2019年修订《证券法》前后关于操纵市场的罚款金额对比如表3所示。

操纵市场案件的罚没比例上，全年操纵市场案件"没一罚一"的数量为7例，占33.33%；"没一罚二"的数量为7例，占33.33%；"没一罚三"的数量为3例，占14.29%；未出现"没一罚四"的情形。⑤

表3　修订前后《证券法》关于操纵市场的罚款金额对比

处罚情形	有违法所得	无违法所得或违法所得不足的
2005年《证券法》第203条	违法所得1～5倍罚款	30万～300万元
2019年《证券法》第192条	违法所得1～10倍罚款	100万～1000万元

① 证监会行政处罚决定书〔2021〕116号（潘某忠）。
② 证监会行政处罚决定书〔2021〕27号（周某俭、陈某科）。
③ 证监会行政处罚决定书〔2021〕76号（江某）。
④ 证监会行政处罚决定书〔2021〕78号（景某）。
⑤ 参见黄江东、施蕾：《2021年度证券监管执法全景观察》，载《中国金融》2022年第8期。

（四）违法行为发生至作出行政处罚的时长[①]

综观2021年信息披露违法、内幕交易、操纵市场案件，自违法行为发生至行政处罚作出，最短间隔5个月[②]，最长甚至间隔136个月，平均周期为39.54个月。具体来说，信息披露违法案件查处平均周期为44.9个月(最长的是“中信国安等信息披露违规案”[③]136个月)、内幕交易案件查处平均周期为34.7个月(最长的是“苏某朝内幕交易案”[④]104个月)、操纵市场案件查处平均周期为37.2个月(最长的是“江某芬操纵市场案”[⑤]59个月)(见图5)。2022年3月公布的一起拟将作出行政处罚的案件中，[⑥]淄博齐翔腾达化工股份有限公司的控股股东、董事长涉嫌内幕交易的行为最早可追溯至2013年9月2日至2015年11月27日，待该案作出行政处罚时，距离内幕交易行为发生已逾8年之久。[⑦]

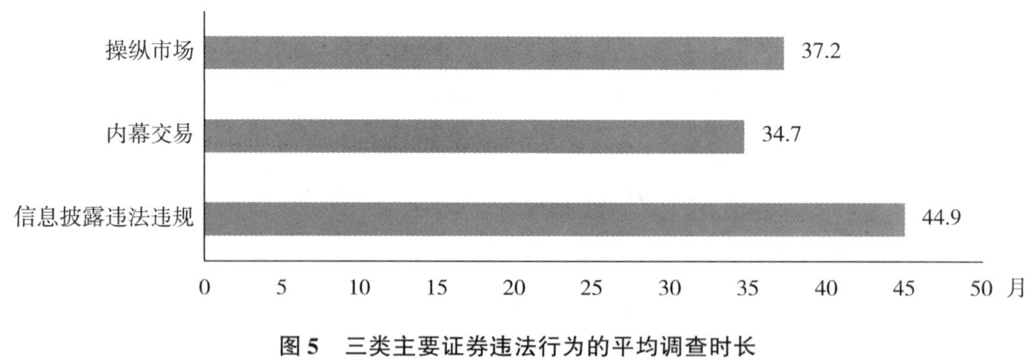

图5　三类主要证券违法行为的平均调查时长

（五）采取市场禁入措施

2021年，证监会(含地方证监局)全年对103人次采取市场禁入措施，与2020年的57人次、2019年的66人次相比，有大幅度提升。因信息披露违法的33人次，因操纵市场的5人次，全年无因内幕交易被采取市场禁入的情形。截至2021年，所有的市场禁入都是身份禁入，尚未出现禁止交易的案例。[⑧]

---

① 此处本应统计从调查至处罚作出的时长，更能直观反映监管执法的时间周期。但根据公开的行政处罚决定书，难以获取这一数据，故使用从违法行为发生至处罚作出的时长以代替。由于《行政处罚法》规定行政处罚的追诉时效为2年，故从违法行为发生至处罚作出的时长最多再减去2年就大致可以估算监管部门从调查至处罚的时长。

② 湖南证监局行政处罚决定书〔2021〕2号(刘某华)。

③ 中国证监会行政处罚决定书〔2021〕36号(中信国安、孙某雷等10名责任主体)。

④ 山东证监局行政处罚决定书〔2021〕2号(苏某朝)。

⑤ 广东证监局行政处罚决定书〔2021〕6号(江某芬)。

⑥ 山东证监局下发的《行政处罚事先告知书》〔2022〕2号和〔2022〕3号。

⑦ 参见黄江东、施蕾：《2021年度证券监管执法全景观察》，载《中国金融》2022年第8期。

⑧ 参见黄江东、施蕾：《2021年度证券监管执法全景观察》，载《中国金融》2022年第8期。

（六）当事人提出陈述申辩

2021 年全年证监会作出的行政处罚决定中，共计 177 份决定书中提及被处罚对象提出了陈述申辩，比例高达 51.3%。其中，37 份陈述申辩的理由得到部分采纳，29 份处罚决定因采纳陈述申辩调整了量罚。需要说明的是，倘若证券监管机构对陈述申辩理由全部采纳，可能不再作出行政处罚，故而无法纳入统计分析。①

（七）行政复议情况

公开数据显示，2021 年证监会共办理行政复议案件 243 件，其中撤销或者部分撤销原行政行为的有 2 件，制发行政复议意见建议书的有 9 件。建议书主要是督促有关执法单位部门完善行政执法过程当中的一些规范性问题。②

（八）移送公安情况

据证监会 2021 年执法情况通报，证监会全年办理案件 609 起，向公安机关移送涉嫌犯罪案件（线索）177 起，移送犯罪嫌疑人 419 人，同比增长 53%。其中，办理信息披露违法案件 163 起，向公安机关移送相关涉嫌犯罪案件 32 起，占比近 20%，同比增长 50%；办理操纵市场案件 110 起，向公安机关移送相关涉嫌犯罪案件 41 起，占比达 37%，同比增长 150%。③ 据证监会 2021 年 7 月 9 日通报，自 2020 年以来，一年半时间内，证监会启动操纵市场案件调查 90 起、内幕交易 160 起，向公安机关移送涉嫌操纵市场犯罪案件（线索）41 起、内幕交易 123 起，占比分别达 45%、77%。④

三、问题检视：证券监管执法的制度缺失与执行偏差

从前述执法数据分析可知，2019 年《证券法》实施后，2021 年证券行政处罚决定数量并未出现“井喷式”增长，处罚标准亦未产生明显变化，甚至全年的罚没金额较往年有所下降，⑤有人将此归为证券行政执法的连续性、稳定性和谦抑性。本文认为，倘

---

① 参见黄江东、施蕾：《2021 年度证券监管执法全景观察》，载《中国金融》2022 年第 8 期。

② 焦津洪：《2021 年证监会办理行政复议案件 243 件 移送犯罪嫌疑人 419 人》，载新浪财经，https://finance.sina.com.cn/jjxw/2022-01-08/doc-ikyakumx9126968.shtml。经检索证监会公开的 2021 年行政处罚决定，未检索到 2 件撤销或者部分撤销原行政行为的行政复议决定。

③ 证监会通报 2021 年案件办理情况，载证监会网站 2022 年 2 月 18 日，http://www.csrc.gov.cn/csrc/c100028/c1921138/content.shtml。

④ 证监会严厉打击操纵市场、内幕交易等证券违法活动，载证监会网站 2021 年 7 月 9 日，http://www.csrc.gov.cn/csrc/c100200/c05e21eaef5f648f58865797e491dd3a6/content.shtml。

⑤ 据统计，2021 年全年罚没款金额为 39.78 亿元，2020 年全年罚没款金额为 52.96 亿元，2019 年全年罚没款金额为 41.83 亿元。

若“严刑峻法”对市场潜在违法主体产生威慑并切实降低了违法行为的发生,无疑是2019年《证券法》及相关证券法规起到了积极作用。但换个角度来看,在2019年《证券法》大幅提高违法成本的情况下,实践中违法者实际承担的法律责任却未明显加重,其中是否存在执法与立法脱节的问题?当然,除了法律责任未明显加重之外,2021年的行政处罚数据还反映出尚无案件适用行政和解、行政执法周期过长、行政听证难以从实质上改变预处罚决定等问题。这些问题在实践中都较突出、为市场参与者广泛关切、与证券执法效果息息相关,下文将逐一进行讨论。

(一)证券行政处罚裁量基准缺失

2019年《证券法》的亮点之一是大幅提高了对各类违法行为的处罚力度,赋予了监管机构较大的行政处罚裁量权。实践中,罚款倍数如何界定的问题最突出,2019年《证券法》将内幕交易和操纵市场的罚款倍数均从原本的1~5倍提升至1~10倍,裁量空间较大,监管机构如何确定量罚倍数至关重要。如前所述,综观2021年全年内幕交易和操纵市场行政处罚案件,无论是亏损状态下的固定罚款,还是获利状态下的倍数罚款,适用2019年修订前后的《证券法》的处罚力度并无显著差别,多数案例罚款倍数为1~2倍,不但在2019年《证券法》规定的法定倍数范围内趋于底线,即使与2005年《证券法》规定的普遍2~3倍的罚款相比,也相对较轻。这难免引发公众对监管机构过于广泛的裁量权能否恰当行使的质疑:个案的罚款金额是否畸轻而无法实现监管目的、是否畸重而侵害当事人的利益、类案的罚款金额是否相当、不同层级或地域执法主体的裁量尺度是否一致等。这些质疑源于证券行政处罚领域执法裁量基准的缺失,这也是大多数处罚案件的陈述申辩中,当事人都以量罚过重为主要申辩点的原因之一。

所谓行政裁量基准,是指“行政执法者在行政法律规范没有提供要件——效果规定,或者虽然提供了要件——效果规定,但据此不足以获得处理具体行政案件所需的完整的判断标准时,按照立法者意图、在行政法律规范所预定的范围内、以要件——效果规定的形式设定的判断标准”。[①] 简言之,要对上位法律法规作进一步的细化、量化,使之更明确、更具可操作性。2019年《证券法》大幅提高行政法律责任的同时,未给出裁量依据或标准,现行法规及规章也尚无统一的执法指引,制定证券行政处罚裁量基准确有必要。

① 王天华:《裁量标准基本理论问题刍议》,载《浙江学刊》2006年第6期。

第一,设定裁量基准是当前法律和政策的明确要求。党的十八届四中全会通过的《中共中央关于全面推进依法治国若干重大问题的决定》,明确提出要“建立健全行政裁量基准制度,细化、量化行政裁量标准,规范裁量范围、种类、幅度”,可见党中央对裁量基准制度寄予了很高的期许,同时针对裁量基准制度实践中存在的问题提出了健全完善的要求。2021 年修订的《中华人民共和国行政处罚法》(以下简称《行政处罚法》)特别增加了第 34 条关于行政处罚裁量基准的规定,①在法律层面正式明确了裁量基准的重要性,且明确要求行政处罚裁量基准应当向社会公开。一定程度上,行政裁量基准的制定、公开已经从行政机关内部的道德性自我约束上升为法律责任。

第二,证券行政处罚裁量基准的设定与运用对于保证执法统一、限制执法恣意、保证执法公平公正等均有重要意义。行政执法过程中,需要将法律、政策、文化、伦理等各种因素明确纳入裁量基准考虑范围,才能有效地指导执法人员作出妥当的处罚决定,通过展现行政处罚的判断过程增强行政处罚决定的说理性。同时,明确法律适用可以增强当事人对自身权益的预见性。

(二)中国特色证券行政和解未充分发挥预期作用

执法和解是成熟资本市场的通行做法,对于尽快稳定市场主体预期、提高争议解决效率、及时赔偿投资者经济损失具有积极意义。相对于行政处罚之刚性,行政和解具有协商行政的特征,是监管执法方式的一次重大创新。但自 2015 年证监会发布《行政和解试点实施办法》②以来,实践中仅有两起行政和解案例。③ 2019 年《证券法》第 171 条④及配套法规对原试点的和解制度作出较大变革,这对我国证券监管执法格局的优化值得期待,但遗憾的是,迄今为止行政和解制度一直未充分发挥预期作用,尚未见到适用 2019 年《证券法》的和解案例。

2022 年 1 月 1 日正式实施的《当事人承诺制度实施办法》和《当事人承诺制度实施规定》相继细化了 2019 年《证券法》第 171 条,建立了以当事人承诺、证券监管机构

---

① 2021 年 1 月 22 日通过的《行政处罚法》第 34 条规定:“行政机关可以依法制定行政处罚裁量基准,规范行使行政处罚裁量权。行政处罚裁量基准应当向社会公布。”

② 《行政和解试点实施办法》,中国证券监督管理委员会令第 114 号,2015 年 2 月 17 日证监会发布,现已失效。

③ 高盛(亚洲)有限责任公司与证监会达成行政和解和司度(上海)贸易有限公司与证监会达成行政和解。

④ 2019 年《证券法》第 171 条规定:“国务院证券监督管理机构对涉嫌证券违法的单位或者个人进行调查期间,被调查的当事人书面申请,承诺在国务院证券监督管理机构认可的期限内纠正涉嫌违法行为,赔偿有关投资者损失,消除损害或者不良影响的,国务院证券监督管理机构可以决定中止调查。被调查的当事人履行承诺的,国务院证券监督管理机构可以决定终止调查;被调查的当事人未履行承诺或者有国务院规定的其他情形的,应当恢复调查。”

审查认可承诺为核心的中国特色证券行政和解制度。本文认为,作为一种新型执法方式,当事人承诺制度在提高监管效率、降低执法成本、及时赔偿投资者损失等方面有着积极作用,应在证券行政执法过程中大力推行甚至优先适用。

第一,降低证券执法成本、提高执法效率。证券监管机构对涉嫌违法主体开展调查期间,如果被调查的当事人承诺纠正涉嫌违法行为、赔偿有关投资者损失、消除损害或者不良影响并经国务院证券监督管理机构认可,当事人履行承诺后,监管机构终止案件调查。当事人承诺制度改变了证券监管机构的执法理念,把优先补偿投资者损失、给予当事人认错纠错以及消除损害的机会放于优先考虑的位置;对监管机构而言,提升了执法效率、降低了执法成本、节省了行政资源,也在一定程度上免去了行政执法调查可能引发的后续争议。

第二,及时弥补投资者所受经济损失。按照传统的行政执法模式,对于侵害投资者权益的违法违规行为,监管机构只能采取罚款等行政处罚措施。传统行政执法模式仅让违法者承担法律上的不利后果,却未能在行政阶段让受损投资者得到补偿,对于保护投资者来说是远远不够的。行政和解制度要求涉案当事人尽早对受损投资者作出赔偿,兼顾了行政执法的惩治功能与救济功能,更加有利于保护中小投资者的合法权益。

第三,尽快明确和稳定市场预期,恢复市场秩序。从前文可见,资本市场违法案件从发生到查处完成,平均调查周期近 40 个月,最长的超过 10 年。如此长的处理周期,不仅监管部门消耗大量监管资源,市场也长期处于不确定状态,当事人还要长期承压,极不公平,执法效果大打折扣。资本市场在一定意义上是基于预期判断进行交易的市场,虚假陈述、内幕交易或者操纵市场等证券违法违规行为,对相关证券的交易价格具有重要影响,也会引发投资者对执法活动时效性的强烈期待和关注。可见,在特定情形下,行政和解执法模式能够更快速有效地实现惩治潜在违法行为、及时恢复市场秩序的目标。

(三)监管执法时间周期过长

从前文数据可知,当前证券违法案件从违法行为发生到监督管理机构作出处罚的平均周期长达 39.5 个月;信息披露违法案件的平均周期更长达 44.9 个月(接近 4 年),最长的达到 136 个月(超过 11 年)。本文认为,证券监管执法周期明显过长,这与依法行政的理念不符,且对当事人的正当权利造成了“隐性侵害”。

不妨与刑事案件的办案周期作一下对比。从表 4 可知,公安机关在批捕前最长有 30 天的刑事拘留期,逮捕后最长可以有 7 个月的侦查期(对 10 年以上的重罪),一般情况下是 2 ~5 个月;检察机关的审查起诉期限是 1 ~1.5 个月,在退回补充侦查的情况下最多可重新计算两次,即最长期限为 4.5 个月;法院在普通程序下审判期限为 2 ~3 个月,特殊情况下可延长 3 个月,而在适用简易程序、速裁程序的情况下,审判期限则大大缩短。可见,在刑事案件办理中,公安机关、检察院、法院大致各有 4 ~6 个月的办案期间,这还是在刑事案件对证据要求更严格、程序更严谨、存在特殊延长理由(如重罪)且一般要经上级机关批准的情况之下。与之相比,目前证券行政处罚案件三四年的处理周期明显偏长。

表 4　我国《刑事诉讼法》规定的刑事案件办案期限

办案机关	阶段	适用条件	办案期限
公安机关	拘留后提请批捕	一般犯罪嫌疑人	一般情况,3 日
			特殊情况延长 1 ~4 日
		流窜、多次、结伙作案的	延长至 30 日
	逮捕后侦查	逮捕后羁押期限	2 个月
		案情复杂、期限届满不能终结	2 +1 个月
		四类重大复杂案件	2 +1 +2 个月
		可能判处十年以上刑罚	2 +1 +2 +2 个月
检察机关	公安机关移送起诉	一般情况	1 个月
		重大、复杂案件	延长 15 日
		最多可以退侦两次,每退一次期限重新计算	
法院	普通程序	一般情况	2 ~3 个月
		可能判处死刑 + 上级法院批准	3 +3 个月
		附带民事诉讼 + 上级法院批准	
		四类重大复杂案件 + 上级法院批准	
		特殊情况还需要延长的,报请最高法批准	
	简易程序	一般情况	20 日
		可能判处三年以上有期徒刑的	1 个半月
	速裁程序	一般情况	10 日
		可能判处一年以上有期徒刑的	15 日

行政执法办案周期过长的原因,本文认为主要是如下方面:一是尚未形成“疑案从无”的监管理念。监督管理机构对证据不够充分的案件不敢、不愿轻易结案,但进

一步补充取证又有难度,于是形成长期“挂案”。二是监管机制环节过多、管制不严。从发现线索到最后作出处罚,一起案件要经历十几个环节,只要其中有几处管控不严,就将大大占用时间。现行《行政处罚办法》虽规定自立案之日起1年之内作出行政处罚,但没有限定立案前初步调查阶段的时限,实践中往往是初步调查阶段耗时较长。此外,《行政处罚办法》还规定了可以延长时限,每次可以延长6个月,但却未限定延长次数。相较于刑事办案期限,每次延长6个月实在过于宽松,即使在刑事诉讼中各个阶段的延长时限最多也只有3个月。三是监管执法方式过于单一。长期以来,监管执法只有行政处罚一种措施,既不能和解又不愿轻易结案,一旦稽查受阻便没有可替代的选择。四是监管资源、手段有限。近几年来监管执法人员数量没有明显增加,但办案数量持续上升后始终维持在高位。此外,与市场违规手段不断翻新相比,监管手段也较有限。监管资源的有限与案件高发、多发之间的矛盾越发突出。

(四)行政听证未能发挥实质把关作用

证券行政违法行为所涉违法所得通常较高、受到的行政处罚较重,证券行政处罚作出之前,证券监督管理机构几乎均在《行政处罚事先告知书》中载明当事人享有听证的权利。与此同时,越来越多的当事人提出听证申请,目的是通过陈述申辩纠正预处罚决定中可能存在的错误。从2021年的行政处罚案例来看,超过50%的当事人提出了听证申请,其中,听证阶段的陈述申辩得到部分采纳并在最终的行政处罚决定中调整量罚的案件比例占到16%,而陈述申辩理由全部采纳、最终未作出行政处罚的案件则一般不作公开。

从程序上说,行政听证有助于推进行政处罚民主化、法治化。相较于行政复议、行政诉讼等救济方式,行政听证成本低、程序便捷,为当事人提供了更充足和自由的申辩空间。听证会上的陈述、申辩、质证等实质上是行政主体与当事人进行理性沟通的一种正式的程序,有利于实现行政主体与当事人的良性互动,在一定程度上杜绝了行政权力的“一言堂”,有利于推进行政处罚的法治化。从实体上说,调查人员与当事人在听证环节就事实、证据和行政处罚建议展开陈述和辩论,通过提供证据、表达意见,进行辩论和反驳,有助于监管部门查明事实真相,防止行政偏私和权力滥用,使当事人通过行使听证权实现看得见的程序正义,最终保障实体正义的实现。

从近年来听证程序的实施情况来看,仍然存在一些需要改进之处。一方面,当事人与调查人员在听证会上实质性的意见交换、辩论还不够充分。在一些听证会上,尽管当事人对事实认定和法律适用提出了较多的质疑,但有的调查人员闭口不谈、不置可否;有的则主张听证会后再进行调查补充,这种“你说你的,我说我的,甚至干脆不说”的局面,使得听证会的意义大打折扣。另一方面,根据听证会形成的听证笔录作出行政处罚决定的“案卷排他机制”尚未完全落实。有的听证会从表面上看,当事人的陈述似乎很有道理,场面上呈“一边倒”之势,但最终处罚结果与现场听证效果有明显反差,处罚决定书也未就为何不采纳当事人申辩理由进行充分说理,这种情况极容易使当事人不服处罚结果,影响行政处罚的效果。

四、破局之道:证券监管执法制度的规范与重塑

(一)制定行政处罚裁量基准,规范执法权限

众所周知,“所有的自由裁量权都可能被滥用”。[①] 在行政权治理领域,如何有效控制行政裁量权的滥用,理论与实务上提出了多个控权工具,但几乎没有任何一项工具会像制定裁量基准这样,能够迅速对“执法随意、裁量不公”问题起到立竿见影的效果。本文建议,证券执法裁量基准是证券法规不可或缺的组成部分,应尽快制定并及时公开。鉴于2019年《证券法》关于行政处罚的自由裁量空间极大,监管机构要制定细致的裁量权行使规范,明确从轻、从重的标准,并公布裁量标准,以提高监管执法的规范化、透明化程度,最大限度防范标准不一、暗箱操作的可能,提高监管执法公信力。

第一,由证监会统一制定证券行政处罚裁量基准。本质上,制定裁量基准只是一种行政执法权,并非行政立法权,因此,各级行政机关都可以决定是否需要制定裁量基准。但是,在上下级机关之间制定权限的划分上,下级机关必须在上级机关设定的基础上,才能作出进一步的细化。[②] 事实上,证监会于2007年曾就操纵市场和内幕交易行为的认定出台专门的指引性文件,[③]其中对各类市场操纵行为的认定均设置了非常细化的标准,对法律未能穷尽列举的“其他”手段也进行了细分,但目前两份指引均已失效。鉴于证监会与各地派出机构之间是垂直领导的关系,本文建议由证监会就主要的证券违法行为制定统一的证券行政处罚裁量基准,各地派出机构统一执行。

第二,证券行政处罚裁量基准的制定过程应综合考虑行政惯例、实践经验和理论

---

① [英]威廉·韦德:《行政法》,徐炳译,中国大百科全书出版社1997年版,第70页。

② 参见周佑勇:《行政裁量基准研究》,中国人民大学出版社2015年版,第136页。

③ 关于印发《证券市场操纵行为认定指引(试行)》及《证券市场内幕交易行为认定指引(试行)》的通知,证监稽查字[2007]1号。

解释。首先,证监会制定裁量基准,可通过整理过往执法案例及其实施效果的方式,将已有的行政惯例固定化、规则化,载入基准文本。在大量的行政诉讼案件中,司法机关对行政裁量基准的审查,既包括法律规则也包括行政惯例。例如,在"林某诉证监会"一案中,由于缺乏规范层面对内幕交易违法所得的计算标准,法院对证监会在执法中形成的一般标准或惯例给予了尊重与支持。① 将证券监管的行政惯例作为裁量基准,有其合理性。其次,在不具备直接将行政惯例固化为基准文本条件的情况下,应以一定的技术性手段作为核心思路,并通过严谨细致的理论解释与逻辑演绎,分别就情节细化的方式、原因、目的等对制定的裁量基准进行合理性描述。② 本文建议,证券行政执法裁量基准的设定,可以参考《人民法院量刑指导意见》,该意见规定,在基准刑基础上根据是否存在自首、立功、退赔、被害人过错等从轻减轻情形以及累犯、其他特别恶劣情节或后果等从重加重情形予以调整,从而实现精准化量刑。例如,可以规定,对于自首的,一般可以减少基准刑的 40% 以下,犯罪较轻的,可以减少基准刑的 40% 以上或者依法免除处罚;对于积极赔偿被害人经济损失的,可以减少基准刑的 30% 以下。证监会在行政处罚裁量基准中可以参考这一模式,就当事人是否存在自首、配合调查、积极有效整改、是否积极赔偿相关被害人损失、是否造成特别恶劣影响、存在特别恶劣情节等情况,在法定罚款倍数、罚款区间内,更精细、合理地确定处罚金额。这样有利于提高资本市场执法的统一性,也有利于实现监管执法的公开、公平、公正。对市场禁入等措施轻重的确定也是同理。

第三,行政处罚裁量基准应当向社会公开。关于裁量基准是否公开,一直存在争议。有观点认为,行政机关应"努力公开"裁量基准,但并非必须公开;也有观点主张根据裁量基准的不同属性,设定不同的公开义务。本文认为,证券执法裁量基准制定后,通过行政执法人员的反复适用,这些不具有法律规范形式的规则对资本市场主体产生了外部法律效果。裁量基准事实上已经构成了行政执法人员的执行标准和依据,也构成了市场主体所应遵循的规范,因此行政裁量基准原则上应向社会公布。③ 公开裁量基准既有利于遏制行政恣意,也有利于当事人对行政执法形成更稳定预期。

第四,就类案而言,操纵市场类案件更亟须制定操作细则和量罚标准。证券市场上最主要的几种类案中,相比信息披露违规、内幕交易案件而言,操纵市场类案件的

① 林某诉证监会等内幕交易案,北京市第二中级人民法院(2019)京 02 行终 858 号行政判决书。

② 参见谭冰霖:《论行政法上的减轻处罚裁量基准》,载《法学评论》2016 年第 5 期。

③ 参见刘平:《行政执法原理与技巧》,世纪出版集团、上海人民出版社 2015 年版,第 402 页;宋华琳:《基层行政执法裁量权研究》,载《清华法学》2009 年第 3 期。

处罚规定最简略,实践中争议最大。除了2019年《证券法》第55条、[①]第192条[②]原则规定之外,再无法规、规章、规范性文件对此进行细化,导致实践中严重不敷使用。主要问题:一是操纵认定的数量标准不清晰。信息披露违规和内幕交易的认定主要是定性,但操纵市场不同,必须要"定性+定量"方足以认定。定量指标是指不当交易行为达到何种程度构成操纵市场违法。但实践中持股量占比、交易量占比、主动买单卖单占比等指标的界线如何划分,并没有明确标准。虽然从案例中可大致归纳一些规律,但毕竟不是明确的标准,且案例并不具有法律约束力。二是连续买卖操纵的构成要件不清晰。连续买卖操纵是最易与正常交易行为混淆的、认定难度最大的一类操纵行为,因为正常市场交易行为通常也表现为连续买卖。2019年修订的《证券法》第55条第1款第1项的核心仅为"联合或连续买卖",根本不足以揭示正常交易行为与连续买卖操纵的根本区别,实践中造成混乱。三是对操纵行为的量罚标准不清晰。对操纵违法行为到底应当罚几倍呢?哪些应当从重、哪些应当从轻?没有明确的裁量、参考标准,难免造成执法上的随意,甚至量罚轻重取决于个别执法人员的好恶,这会影响监管的统一性与公信力。

本文建议,应当参照刑事追诉标准的体例,尽快研究制定操纵市场的行政认定标准,并对全市场公开,明确划出红线,稳定市场预期,引导投资者行为。要深入研究连续买卖操纵行为的本质特征,合理确定其构成要件,不能把市场中普通投机行为甚至是正常的投资行为——只不过因为其交易量较大,都认定为操纵市场。本文认为,连续买卖操纵行为的本质是行为人的连续买卖已足以对标的股票价量造成明显影响并借机谋利,要抓住这个本质来细化、构建连续买卖操纵的构成要件。此外,还要制定明确的量罚标准,原则上对于有累犯、职业化团伙化操纵、不配合监管、造成特别恶劣影响等情节的行为要从重处罚;对于初犯偶犯、没有职业化团伙化特征、配合监管、没有明显恶劣影响等情况的行为可以从轻。

---

① 2019年《证券法》第55条规定:"禁止任何人以下列手段操纵证券市场,影响或者意图影响证券交易价格或者证券交易量:(一)单独或者通过合谋,集中资金优势、持股优势或者利用信息优势联合或者连续买卖;(二)与他人串通,以事先约定的时间、价格和方式相互进行证券交易;(三)在自己实际控制的账户之间进行证券交易;(四)不以成交为目的,频繁或者大量申报并撤销申报;(五)利用虚假或者不确定的重大信息,诱导投资者进行证券交易;(六)对证券、发行人公开作出评价、预测或者投资建议,并进行反向证券交易;(七)利用在其他相关市场的活动操纵证券市场;(八)操纵证券市场的其他手段。操纵证券市场行为给投资者造成损失的,应当依法承担赔偿责任。"

② 2019年《证券法》第192条规定:"违反本法第五十五条的规定,操纵证券市场的,责令依法处理其非法持有的证券,没收违法所得,并处以违法所得一倍以上十倍以下的罚款;没有违法所得或者违法所得不足一百万元的,处以一百万元以上一千万元以下的罚款。单位操纵证券市场的,还应当对直接负责的主管人员和其他直接责任人员给予警告,并处以五十万元以上五百万元以下的罚款。"

(二)大幅压缩执法周期,提升执法效能

证券行政处罚处理周期过长是普遍现象,长期如此,将产生以下问题:一是会对当事人正当权利造成“隐性侵害”。行政调查长期悬而未决,对当事人的生产经营、正常生活造成负面影响,不论其最终的实体处理结果如何,仅就处理过程而言,就已违背了程序正义理念,实际上构成了对当事人正当权利的侵害。更何况证券行政处罚所涉主体通常是上市公司等资本市场参与者,一旦被调查(尤其是正式立案之后),必将在声誉、融资、商业合作等许多方面受到影响,办案周期太长,公司将不堪重负,甚至出现“办一个案子,垮掉一个企业”的极端情况。二是耗费监管资源。案件长期不能办结意味着要不断投入监管资源,站在监管部门角度,长期调查是不经济的执法消耗。三是影响监管执法效果,不利于维护资本市场正常秩序。资本市场发展变化速度极快,监管执法的响应速度必须与之适应。试想,四五年前发生的违法行为,四五年甚至六七年后才作出行政处罚,执法周期如此之低,即便该处罚在实体上是适当的,其所产生的市场效果也较有限。本文建议,应大幅压缩执法周期,切实提升执法效能。

第一,按照现代法治政府的要求优化监管理念。至少要树立以下理念:首先是程序正义理念。正义不但要实现,而且要以看得见的方式实现。监管部门执法不但要符合实体法规定,而且要符合程序法规定。即使在没有明确规定的情况下,也要符合现代法治政府的基本程序要求,如不宜对当事人进行明显过长的行政调查。其次是疑案从无理念。无罪推定、疑罪从无是现代刑法的基本原则,行政法上对证据的要求虽不如刑法上严格,但基本理念是一致的。监管部门在调查中可以“大胆假设”,但在最终作出处罚时则一定要“小心求证”,必须事实清楚、证据确凿方可处罚。对于存疑的案件应按照程序及时结案,不能长期“挂案”。最后是协商行政理念。协商行政为现代行政法高度重视,尤其是证券监管领域,行政和解制度作为协商行政理念的产物已被广泛适用。我国证券监管要积极适用 2019 年《证券法》所确立的当事人承诺制度,努力使通过当事人承诺制度解决的案件占到全部案件的 10% ~20% 。

第二,完善执法机制,加强过程管理。首先,梳理执法链条,整合或减少相关环节。对于纯属内部工作沟通、与相对人不发生直接联系的环节应考虑尽量整合压缩,同时对各环节的办理时限作出规定,以明确各办案单位的责任。其次,将《行政处罚办法》中“自立案之日起 1 年内作出行政处罚”修改为“自调查之日起 1 年内作出行政处罚”,以便将前期初步调查纳入规制范围。再次,从严限制办案时限的延长。如延长需经本单位主要负责人批准，每次延长不得超过3个月，延长后最长办案时间不得超过两年等。考虑到《行政处罚法》规定违法行为的行政追诉期间为2年，行政机关办案的时限也以不超过2年为宜。最后，提高监管执法能力。执法人员本身的专业能力也是重要的影响因素，需要不断提升执法队伍能力素质，尤其是科技监管执法能力。

（三）激活中国特色行政和解，丰富执法手段

随着单一性、强制性行政执法方式朝着多样性、协商性转换，证券监管领域的行政和解执法模式得以广泛应用。英美法系的美国、英国，大陆法系的德国等国家和地区，均在其行政程序法律中，对行政和解制度作出了统一、明确的规定。一些国家和地区的证券监管机构以行政和解方式处理的案件数量已占到其全部执法案件的80%以上，其中不乏数额高、影响广的重大案件。[①] 行政和解是证券期货纠纷化解机制的重要组成部分。

理论界和实务界普遍认为，2015年的《行政和解试点实施办法》关于行政和解适用条件的限制过于严苛，一定程度上阻碍了证券行政和解制度的实施。《当事人承诺制度实施办法》对适用情形作出重大调整，完善了“负面清单”，[②]不再设“正面清单”，较好地解决了此前《行政和解试点实施办法》存在的问题。然而，当事人承诺制度能否就此焕发活力，本文认为，还可作出如下完善：

第一，进一步明确提出承诺申请的期间。《行政和解试点实施办法》大幅扩展了申请期间，当事人从被初步调查至行政处罚决定作出前，均可申请适用承诺制度，不再以正式立案调查为前提。较长的申请期间看似赋予了当事人更多的选择权，但事实上，正式立案之后，当事人的承诺申请被受理的概率较小。证监会在《证券期货行政执法当事人承诺制度实施规定（征求意见稿）》的起草说明中明确强调：“对于调查、审理部门有信心、有能力办理的案件，原则上不适用行政执法当事人承诺。”何谓

---

① 参见肖钢：《积极探索监管执法的行政和解新模式》，载《行政管理改革》2014年第1期。

② 《当事人承诺制度实施办法》第7条规定：“有下列情形之一的，国务院证券监督管理机构对适用行政执法当事人承诺的申请不予受理：（一）当事人因证券期货犯罪被判处刑罚，自刑罚执行完毕之日起未逾3年，或者因证券期货违法行为受到行政处罚，自行政处罚执行完毕之日起未逾1年；（二）当事人涉嫌证券期货犯罪，依法应当移送司法机关处理；（三）当事人涉嫌证券期货违法行为情节严重、社会影响恶劣；（四）当事人已提出适用行政执法当事人承诺的申请但未被受理，或者其申请已被受理但其作出的承诺未获得国务院证券监督管理机构认可，没有新事实、新理由，就同一案件再次提出申请；（五）当事人因自身原因未履行或者未完全履行经国务院证券监督管理机构认可的承诺，就同一案件再次提出申请；（六）国务院证券监督管理机构基于审慎监管原则认为不适用行政执法当事人承诺的其他情形。”

"有信心、有能力办理的案件"。根据《证券期货违法行为行政处罚办法》的立案标准,[①]有明确违法主体、违法事实证据且有明确的法律责任的案件应予立案,此类案件应属"有信心、有能力办理的案件"。若对此类案件适用当事人承诺制度,易引发监管机构怠于执法、未合理保护公共利益的质疑。本文建议,为提高当事人承诺制度的适用实效,考虑规定正式立案调查的案件原则上不适用当事人承诺制度,敦促当事人尽量在调查前期提出承诺申请。

第二,设定承诺执行考察期及建立第三人监督模式。《当事人承诺制度实施办法》规定,"当事人完全履行承诺认可协议后,国务院证券监督管理机构应当终止案件调查",但未规定完全履行承诺的具体标准以及期限。倘若当事人无限期地处于履行状态却始终未能完全履行,不仅会拖延行政调查进程,而且会损害投资者的合法权益。因此,本文建议设立承诺执行的考察期,如 6 个月以上、18 个月以内,倘若考察期满作出承诺的当事人仍未能完全履行承诺认可协议的,证券监管机构应当终止适用行政执法当事人承诺。同时,可以借鉴检察机关当前正在推行的合规不起诉试点的经验,引入第三方监管人监督模式,委派第三方专业机构或人员担任独立监管人,协助监管机构对当事人的承诺执行情况进行监督、指导、报告、评估及验收。

当然,最重要的还是监管部门积极执法、勇于探索,推动一批当事人申请适用承诺制度的案件尽快落地,形成若干具有指导意义的典型案例,使之从"纸面上的法律"真正成为"实践中的法律"。

(四)强化行政听证实质功能发挥

行政处罚作出之前的听证机制对于充分保障当事人的合法权益、充分查明涉嫌的违法事实等都具有较强的程序价值和实体价值。本文建议重塑并重视听证机制,使其真正发挥对行政处罚的把关作用。

第一,强化行政处罚委员会的独立性和专业性。2002 年,我国证监会开始尝试建立行政处罚委员会制度,但彼时的行政处罚委员会是一个虚设机构,其日常工作由法律部审理执行处承办。[②] 2008 年《中国证券监督管理委员会行政处罚委员会组成办法》及 2021 年修订的《行政处罚委员会组织规则》,对处罚委员会委员的聘任要求仍

---

① 《证券期货违法行为行政处罚办法》第 6 条规定:"中国证监会及其派出机构发现自然人、法人或者其他组织涉嫌违反证券期货法律、法规和规章,符合下列条件,且不存在依法不予行政处罚等情形的,应当立案:(一)有明确的违法行为主体;(二)有证明违法事实的证据;(三)法律、法规、规章规定有明确的行政处罚法律责任;(四)尚未超过二年行政处罚时效。涉及金融安全且有危害后果的,尚未超过五年行政处罚时效。"

② 王婷:《中国证券稽查执法制度变迁与实证研究》,武汉大学 2009 年博士学位论文,第 39、66 页。

然具有概括性，对于达到何种具体资质、经何种任命程序才能够成为委员也不明确，委员的名单也未公开。本文建议，基于我国行政体制与现有框架，一方面，行政处罚委员会可参考发行审核委员会的经验来提高其独立性与专业性。① 例如，在第十八届发行审核委员会21名委员中，来自交易所、律师事务所、会计师事务所的委员有11名，由于外部专家在各自专业领域拥有较高声望，亦没有行政系统内晋升的压力，行为动机更多体现为一种声誉与职业考虑，不仅有助于作出独立判断，也有助于提高处罚的专业性和丰富市场视角。另一方面，应保证行政处罚委员会组成人员的内在稳定性，尽量减少随机性因素，进而促进裁量逻辑和处罚力度的相对连贯稳定。为进一步提高处罚决定的审慎性，行政处罚委员会委员可在《行政处罚决定书》上署名，既可增强处罚的公开性，又可让委员有更强的动力提高行政处罚的质量，通过声誉机制来督促委员谨慎行使权力。

第二，保证听证过程中各方主体充分交换意见的权利。从理论上讲，行政听证的核心是行政机关与当事人之间基于信息互换、整合而进行的理性沟通的过程。② 听证中，"当事人及其代理人和案件调查人员双方进行辩论，经听证主持人允许，双方可以相互发问"。③ 事实上，即便当事人在主持人同意的情况下发问，倘若调查人员避而不回或者选择听证会后补充提交相关调查的话，实际效果将受到影响。本文建议，证券监管机构在行政处罚案件审理过程中，要强化处罚听证中的质证程序和辩论程序，只有长期、充分的意见交换，方能促进监管机构提炼出稳定而统一的裁量逻辑和规则，发挥听证程序对调查意见、初步处罚意见的监督、矫正功能。就目前证监会听证制度而言，尽管听证程序正在显著改善且《行政处罚听证规则》第16条有了原则性的规定，但仍可进一步细化双方就证据进行质证、针对法律适用进行辩论的权利，以充分促进意见交换，否则听证程序有可能流于形式。

第三，确立行政听证的案卷排他原则。2021年修订的《行政处罚法》第65条规定，听证结束后，行政机关应当根据听证笔录，依照本法第57条的规定，作出决定。听证笔录中所记载的证据是经过当事人质证和辩论的，以其作为行政决定的根据体现了听证程序中抗衡机制的功用。听证笔录对行政决定的作出是否具有决定性的影响、行政机关是否充分尊重听证笔录的法律效力是衡量听证制度真伪及听证程序是

① 《中国证券监督管理委员会发行审核委员会办法》，中国证券监督管理委员会令第134号。

② 参见石肖雪：《作为沟通过程的行政听证》，载《法学家》2018年第5期。

③ 《中国证券监督管理委员会行政处罚听证规则》第16条第1款第7项。

否能真正发挥作用的一块"试金石"。本文认为,只有真正做到"行政决定必须基于听证笔录作出",充分尊重听证笔录的法律效力,听证程序中的各方参与者才会慎重对待听证会,并积极认真地行使陈述、质证和辩论的权利,才会对行政机关的裁决权起到有效的制约作用。

第四,强化处罚决定书说理。处罚决定书说理不充分是当事人不服行政处罚、质疑监管公信力乃至长期上诉的重要原因之一。对当事人提出的申辩理由,处罚决定书不予采纳的,应当充分释明。法院在判决书说理方面的努力可资借鉴,经过持续努力,现在法院在判决书说理上已达到很高的水平。[①] 强化处罚决定书说理,相应地也会推动听证程序实质化、前端调查规范化、执法标准统一化,可以说这是完善监管执法工作的"牛鼻子",且易于着手,不需要额外的制度创新和资源投入。

五、结　　语

"法律的生命力在于实施,法律的权威也在于实施"。[②] 证券监管领域亦是如此,证券法规虽已经逐步建立,但其在行政执法案件中所展现出的实施效果仍有待提升。本文从 2021 年证券行政处罚案件展开分析,一个个案例折射出的是证券监管执法中普遍存在的问题。问题的解决与改善,不仅要求证券监管机构进一步完善《证券法》配套实施细则、办法、指引,更在于创新执法方式、优化执法理念,实现更好的监管执法效果,最终推动资本市场更好地持续健康发展。

---

① 可参见《北京市东易律师事务所与中国证券监督管理委员会二审行政判决书》(2018)京行终 6352 号,该判决书对判决理由进行了充分、详尽的论证说理。

② 习近平:《关于〈中共中央关于全面推进依法治国若干重大问题的决定〉的说明》,载新华网,http://www.xinhuanet.com//politics/2014-10/28/c_1113015372_2.htm。

证券虚假陈述案件实证分析

——以案件审理中的主要争议焦点为视角

洪　鹏*

摘　要:2022 年 1 月 22 日,《最高人民法院关于审理证券市场虚假陈述侵权民事赔偿案件的若干规定》(法释〔2022〕2 号,以下简称《虚假陈述赔偿规定》)正式实施,一方面顺应了证券资本市场的发展,修正审判实践中出现的制度漏洞;另一方面进一步规定了证券市场参与主体各方间的权利义务,明确责任分配。本文将结合证券法、《虚假陈述赔偿规定》、司法实践以及笔者的实务经验,对证券市场虚假陈述纠纷案件中的揭露日的认定、重大性、过错、损失和因果关系进行实证分析、探讨,并提出自己的观点。

关键词:《虚假陈述赔偿规定》　揭露日　重大性　因果关系

引　言

随着证券市场的不断发展,上市公司虚假陈述责任纠纷案件数量逐年增多。根据公开的裁判文书网案例检索结果,自 2015 年起,证券虚假陈述责任纠纷案件数量呈大幅波动上涨趋势,2018 年此类案件有 8000 多件,2019 年后案件数量逐年递增。随着对证券市场加强监管和对保护投资者的会议精神和文件陆续颁布,越来越多的投资者拿起了法律武器维护自己的权益。2003 年的证券虚假陈述司法解释已经不符合当前的司法实践和证券市场环境,为了保证证券市场的健康发展,维护投资者的合法权益,最高人民法院根据中共中央办公厅、国务院办公厅印发的文件对其进行了修

* 浙江智仁律师事务所律师,中证中小投资者服务中心公益律师。

订,《虚假陈述赔偿规定》的出台进一步完善虚假陈述民事赔偿制度,畅通投资者权利救济渠道,健全中国特色证券司法体制,为资本市场的规范发展提供更加有力的司法保障。《虚假陈述赔偿规定》以欺诈市场理论为指导,结合我国的实际情况,将证券虚假陈述行为分为虚假记载、误导性陈述、重大遗漏和未按照规定披露信息4种情形,并进一步细化了揭露日的认定、重大性、过错认定及交易因果关系、损失因果关系等方面的规定,其作为今后法院审理证券虚假陈述案件的主要法律依据,将对实务产生重要影响。在司法实践中,证券虚假陈述案件中,原被告的诉争核心争议焦点往往是虚假陈述的揭露日、虚假陈述行为是否具有重大性、虚假陈述各方的过错责任、投资者损失与虚假陈述行为是否具有因果关系以及损失的计算方式等。本文试以各地法院司法判例为参考,对核心争议焦点展开实证论述。

一、揭　露　日

虚假陈述行为揭露日是虚假陈述行为被公开揭露,为公众广泛知悉的日期。揭露日是证券虚假陈述案件中确定投资者索赔范围与损失计算金额的重要影响因素,随着前置程序的取消,揭露日与诉讼时效挂钩,将直接影响投资者的诉讼权利。因此,揭露日在司法实践中通常是证券虚假陈述案件的核心争议焦点之一。实务中,法院通常将立案调查公告日,自媒体新闻报道之日,以及信息披露义务人更正公告披露之日等认定为虚假陈述行为的揭露日。

(一)以立案调查公告日为揭露日

司法实践中,大多数法院将立案调查公告日认定为虚假陈述揭露日。《全国法院民商事审判工作会议纪要》(以下简称《九民会议纪要》)第84条①,强调不以"镜像规则"为必要,如果证券市场存在明显反应,监管部门立案调查公告即可认定为揭露日。《虚假陈述赔偿规定》第8条也提出了揭露日的两种推定情形,立案调查公告日为其中之一。法院之所以将立案调查公告日认定为虚假陈述揭露日,通常是结合了证券市场的反应,认为立案调查通知书已具备警示性,其公告内容已提到公司涉嫌信息披露违法违规,并提示广大投资者注意投资风险。实务中的典型案例有风华高科证券

---

① 《九民会议纪要》第84条规定:"【揭露日和更正日的认定】虚假陈述的揭露和更正,是指虚假陈述被市场所知悉、了解,其精确程度并不以'镜像规则'为必要,不要求达到全面、完整、准确的程度。原则上,只要交易市场对监管部门立案调查、权威媒体刊载的揭露文章等信息存在着明显的反应,对一方主张市场已经知悉虚假陈述的抗辩,人民法院依法予以支持。"

虚假陈述和中安科证券虚假陈述案等。

1. 风华高科证券虚假陈述案

在笔者代理的风华高科证券虚假陈述案中，广东省高级人民法院经审理认为："揭露证券虚假陈述的主要目的是发出警示信号，让理性投资者知悉并提醒理性投资者注意和警惕，重新判断股票价值进而作出交易决策。投资者是否知悉虚假陈述行为，应根据股价波动等证券市场反应进行判断。因此，揭露日应满足揭露时间的首次性、揭露范围的广泛性等要求之外，还应符合出现股价波动等证券市场反应特征。本案中，一方面，风华高科于 2018 年 8 月 8 日通过巨潮资讯网以及全国范围发行的《中国证券报》《证券时报》《上海证券报》公告被中国证监会立案调查通知，揭露范围广泛，且公告明确载明涉嫌信息披露违法违规、中国证监会决定立案调查等内容，警示作用明显。另一方面，上述公告发布后，风华高科股票价格急剧下跌，当日以跌停价格收市，证券市场反应明显，表明公告发布后投资者知悉虚假陈述行为，并且披露内容影响投资者对风华高科股票价值的判断以及交易决策，向证券市场释放了充分的警示信号，警示程度强。因此，一审判决认定本案虚假陈述揭露日为 2018 年 8 月 8 日，并无不当。"①

2. 中安科证券虚假陈述案

在中安科证券虚假陈述案中，原告投资者主张本案虚假陈述揭露日为 2016 年 12 月 24 日，即被告中安科公司公告其收到证监会立案调查通知的时间。被告中安科公司主张虚假陈述揭露日为 2016 年 2 月 25 日，即与"班班通"项目相关的行政判决书在中国裁判文书网上公告的时间。上海金融法院经审理认为："虚假陈述的揭露是指虚假陈述被市场所知悉、了解，并不要求达到全面、完整、准确的程度，只要由于披露行为虚假陈述被市场所知悉、了解，市场亦存在明显的反应，该披露日即可作为揭露日。本案中虽被告中安科公司发布的收到立案调查通知的公告中未对被立案调查的事由作出全面、完整的披露，且该时间正好处于中安科股票停牌期间，但从中安科股票复牌后连续跌停的情况来看，市场对该公告有明显的反应，中安科公司被立案调查这一信息的披露对市场存在警示作用。法院认定本案虚假陈述揭露日为 2016 年 12 月 24 日。"②

（二）以媒体报道日为揭露日

《虚假陈述赔偿规定》新增了"行业知名的自媒体等媒体"的表述，如果媒体在上市公司主动披露或监管机构介入之前已经对证券虚假陈述行为进行了报道，并且该

---

① 广东省高级人民法院民事判决书，(2020) 粤民终 3106 - 3175 号。

② 上海金融法院民事判决书，(2019) 沪 74 民初 1049 号。

报道内容与之后发布的行政处罚内容高度重合,且该媒体报道产生了重大影响,足以让公众知悉,引起证券市场的反应,同样也可认定该日为揭露日。其实,在近年来的司法实践中,已有相关案例将媒体报道日认定为揭露日,如山西路桥、罗平锌电、康美药业证券虚假陈述案件等。

1. 山西路桥证券虚假陈述案

在山西路桥证券虚假陈述责任纠纷案中,山西省高级人民法院认为:"对于虚假陈述揭露日的认定,应从以下三方面进行分析和判断:一是虚假陈述行为应为首次公开披露;二是披露应是在全国范围发行(播放);三是该种披露必须对证券投资者具有强烈的警示作用。本案中,山西路桥公司的虚假陈述行为被央视财经频道于2018年4月17日晚首次报道,且报道之后,山西三维集团股份有限公司连续3个交易日股票收盘价格跌幅偏离值达14.69%,构成股票交易异常波动,足以对市场起到警示作用,故将2018年4月17日确定为虚假陈述的揭露日。"①

2. 罗平锌电证券虚假陈述案

在笔者代理的罗平锌电证券虚假陈述责任纠纷案中,2018年6月21日,人民网等全国性网站发布名为《曲靖市委市政府官僚主义,上市公司环境污染触目惊心》的文章,曝光罗平锌电堆存含铅废渣数量实际远超10万吨,重金属污染隐患问题突出。据此,昆明市中级人民法院认定该日为揭露日。②

3. 康美药业证券虚假陈述案

在我国首个特别代表人诉讼康美药业证券虚假陈述责任纠纷案中,广州市中级人民法院认为:应以自媒体质疑康美药业财务造假的2018年10月16日为案涉虚假陈述行为的揭露日。理由为:一是自媒体质疑报道的主要内容,与中国证监会行政处罚认定的财务造假性质、类型基本相同。特别是质疑报道中关于康美药业在货币资金等科目存在较大造假的猜测,在之后中国证监会作出的行政处罚决定中得到了证实,满足揭露行为的一致性要求。二是自媒体揭露内容引发了巨大的市场反应。康美药业股价在被自媒体质疑后短期内急速下挫,走势与上证指数、行业指数的走势存在较大背离,可以认定市场对于自媒体的揭露行为作出了强烈反应,说明自媒体的揭露行为对市场产生了很强的警示作用,满足揭露行为的警示性要件。三是虽然揭露文章仅是首发在自媒体而非官方媒体,但在移动互联网蓬勃兴起的如今,发表在自媒

① 山西省高级人民法院民事判决书,(2021)晋民终135号。

② 昆明市中级人民法院民事判决书,(2018)云01民初2552号。

体的文章亦有可能会迅速引起较多媒体关注和转载。从本案来看,相关文章确实被多家媒体转载,并直接导致康美药业的百度搜索指数和资讯指数暴增,成为舆论关注重心,满足揭露行为的广泛性要求,达到了揭露效果。①

(三)以自我揭露日为揭露日

在证券虚假陈述责任纠纷案中,上市公司最常见的虚假陈述行为就是连续在多个年度报告中进行虚假陈述。在此类情况下,若上市公司在此期间内并未揭露,则根据上文,以立案调查日作为揭露日。但若是上市公司在此期间公布的年度审计报告存在保留意见,且该报告引起了广泛关注,市场亦对其揭露行为作出了强烈反应,则可以将该保留意见的审计报告公告之日认定为揭露日。

在笔者代理的金正大证券虚假陈述责任纠纷案中,青岛市中级人民法院认为:首先,2019 年 4 月 30 日,金正大公司发布了《2018 年年度报告》《2018 年年度审计报告》等一系列报告,其中《2018 年年度审计报告》的意见类型为否定意见,审计报告中已列明,金正大公司关联方关系及交易的列报存在问题,且存在无实物流转贸易性收入,而审计报告中未列明的虚减应付票据行为亦是与前述虚构贸易业务有关。其次,金正大公司 2019 年 4 月 30 日发布的系列公告对投资者具有强烈的警示作用。金正大公司发布上述系列公告后,其公司股价连续 3 日跌停。综上,应将 2019 年 4 月 30 日的首次公开揭露之日认定为本案虚假陈述行为的揭露日。②

(四)以行政监管措施决定书公告日为揭露日

《行政监管措施决定书》通常也会揭露上市公司存在虚假陈述行为,要求上市公司立即停止不当行为并限期改正,当上市公司将行政监管措施决定书进行公告时,市场可能会对该公告作出反应,导致股票价格产生异常变化。因此,在以往的案件中,部分法院将行政监管措施决定书公告日认定为揭露日,如烯碳新材、威华股份证券虚假陈述案件等。

1. 烯碳新材证券虚假陈述案

在烯碳新材证券虚假陈述责任纠纷案中,辽宁省高级人民法院认为:"2016 年 7 月 19 日,烯碳新材发布《辽宁证监局责令改正公告》《辽宁证监局警示函公告》,首次披露了年报虚假陈述行为和借款虚假陈述行为所涉违法事实,其内容与行政处罚决定书认定的内容具有高度对应关系,能够充分揭示投资风险,足以影响投资者的投资

① 广州市中级人民法院民事判决书,(2020)粤 01 民初 2171 号。

② 青岛市中级人民法院民事判决书,(2022)鲁 02 民初 321 号。

决策,提醒投资者重新判断股票价值。因此,年报虚假陈述行为和借款虚假陈述行为的揭露日应为上述公告发布之日,即 2016 年 7 月 19 日。"①

2. 威华股份实际控制人李某华证券虚假陈述案

在威华股份实际控制人李某华证券虚假陈述责任纠纷案中,广东省高级人民法院认为:"2015 年 1 月 27 日威华股份发布《关于中国证监会广东监管局对公司控股股东(实际控制人)李某华先生采取出具警示函措施决定的公告》的日期为虚假陈述揭露日。虚假陈述被揭示的意义在于其对证券市场发出了一个警示信号,提醒投资人重新判断股票价值,进而对市场价格产生影响。在上述公告中,威华股份披露了因李某华与其一致行动人李某奇减持公司股票达到公司总股本的 5% 以后,报告、公告权益变动报告书后 2 日之前,继续卖出公司股票,违反了相关规定,中国证监会广东监管局对李某华采取出具警示函的监管措施的信息,对证券市场及投资者都起到了警示作用,故此确认该日期为本案虚假陈述揭露日。"②

但随着《九民会议纪要》和《虚假陈述赔偿规定》陆续开始施行,以行政监管措施决定书公告日为揭露日的案件正在快速减少,除非立案调查日晚于行政监管措施决定书公告日,且公司在此之前并未自我揭露或更正,否则在目前的司法实践中,该日基本不会被认定为揭露日。

(五)自我更正日

根据《虚假陈述赔偿规定》第 9 条的规定,虚假陈述更正日,是指信息披露义务人在证券交易场所网站或者符合监管部门规定条件的媒体上,自行更正其虚假陈述之日。即信息披露义务人主动更正自己的虚假陈述行为,向公众揭示其虚假陈述行为。此类更正公告的类型根据实际情况不同而各有差异,实务中存在公司自行发布的提示性公告、修正公告、会计差错更正公告,抑或通过年度报告直接进行更正等。比较典型的有惠而浦证券虚假陈述案和武汉凡谷证券虚假陈述案。

1. 惠而浦证券虚假陈述案

在惠而浦证券虚假陈述案中,安徽省高级人民法院认为:"本案 2017 年 7 月 27 日惠而浦公司发布《提示性公告》之日,是惠而浦公司虚假陈述行为的更正日。首先,《提示性公告》符合认定虚假陈述揭示日的'首次'原则,起到了刺破公司谎言的作用。《提示性公告》系惠而浦公司首次自行对虚假陈述行为予以披露,其确定性高,具

① 辽宁省高级人民法院民事判决书,(2019)辽民终 547 号。

② 广东省高级人民法院民事判决书,(2019)粤民终 1888－1890 号。

有很高的警示强度。其次,《提示性公告》揭示的内容与安徽证监局行政处罚书中认定的结果具有实质上的一致性。最后,《提示性公告》对投资者的交易决策和股价均产生了实质性影响,足以起到更正日的警示作用。综上,一审关于本案虚假陈述行为更正日的认定不当,本院予以纠正。"①

2. 武汉凡谷证券虚假陈述案

在武汉凡谷证券虚假陈述案中,湖北省高级人民法院经审理认为:"虚假陈述的自行更正作为对虚假陈述进行揭示的一种方式,其意义在于其对证券市场发出了一个警示信号,提醒投资人重新判断股票价值,进而对市场价格产生影响。从凡谷公司股票价格的走势来看,凡谷公司 2017 年 3 月 25 日发布《2016 年度业绩快报修正公告》后的首个交易日,其股票价格从前一交易日的 2017 年 3 月 24 日的收盘价 12.19 元下跌至 11.33 元,单日下跌幅度达到 7.05%,说明《2016 年度业绩快报修正公告》向证券市场揭示虚假陈述后,已对股票市场价格产生明显影响。凡谷公司其后虽连续发布了《2016 年半年度报告修正公告》《2016 年第三季度报告修正公告》,但两份修正公告内容与《2016 年度业绩快报修正公告》并无实质差异,且由于《2016 年度业绩快报修正公告》揭露虚假陈述信息后,证券市场已经产生了相应反应,并逐渐消化该信息的影响,在《2016 年半年度报告修正公告》《2016 年第三季度报告修正公告》作出时,凡谷公司股票价格并未出现大幅波动。据此,对于一审法院认定的虚假陈述更正日 2017 年 3 月 25 日,予以确认。"②

二、重　大　性

(一)《虚假陈述赔偿规定》的突破

《虚假陈述赔偿规定》第 10 条③首次明确规定了虚假陈述内容具有重大性的认定标准。虚假陈述是否具有重大性是构成侵权行为的基础,若上市公司的虚假陈述

---

① 安徽省高级人民法院民事判决书,(2021)皖民终 918 号。

② 湖北省高级人民法院民事判决书,(2021)鄂民终 156 号。

③ 《虚假陈述赔偿规定》第 10 条规定:"有下列情形之一的,人民法院应当认定虚假陈述的内容具有重大性:
(一)虚假陈述的内容属于《证券法》第八十条第二款、第八十一条第二款规定的重大事件;
(二)虚假陈述的内容属于监管部门制定的规章和规范性文件中要求披露的重大事件或者重要事项;
(三)虚假陈述的实施、揭露或者更正导致相关证券的交易价格或者交易量产生明显的变化。
前款第一项、第二项所列情形,被告提交证据足以证明虚假陈述并未导致相关证券交易价格或者交易量明显变化的,人民法院应当认定虚假陈述的内容不具有重大性。
被告能够证明虚假陈述不具有重大性,并以此抗辩不应当承担民事责任的,人民法院应当予以支持。"

行为不具有重大性,即使投资者有损失,上市公司也不承担责任。首先,该条第 1 款从虚假陈述内容的性质出发,对重大性的认定情形进行了较广泛的规定,即根据《中华人民共和国证券法》(以下简称《证券法》)第 80 条第 2 款、第 81 条第 2 款规定的重大事件以及国务院证券监督管理机构等监管部门出台的相关文件中要求披露的重大事件或重要事项,作为重大性的认定标准。其次,结合证券市场上的证券交易价格或交易量情况,若虚假陈述行为实施、揭露或更正后对相关证券的交易价格或交易量产生明显影响,则应被认定为具有重大性。最后,《虚假陈述赔偿规定》第 10 条第 2 款又规定了重大性要件的抗辩规则,若被告提供的证据足以证明虚假陈述并未导致相关证券交易价格或交易量发生明显变化,则法院应当认定该虚假陈述内容不具有重大性,行为主体不应当承担民事赔偿责任。

(二)有行政处罚的重大性要件认定标准

2003 年的司法解释对证券虚假陈述案件设定了前置程序,即法院仅受理有相关行政处罚决定或刑事裁判文书的虚假陈述案件。在这一背景下,《九民会议纪要》第 85 条①认为,重大性是指可能对投资者进行投资决策具有重要影响的信息,虚假陈述已经被监管部门予以行政处罚的,应当认为是具有重大性的违法行为。这实际上是将已经被行政处罚的虚假陈述行为等同于具有重大性要件,将重大性的认定问题在前置程序中予以解决。但随着《虚假陈述赔偿规定》的出台,相应前置程序已经被取消,对于被给予行政处罚的虚假陈述行为是否要延续《九民会议纪要》的规定目前存在不同观点。有观点认为,《虚假陈述赔偿规定》没有将行政处罚和重大性要件等同,仅规定了重大性要件认定的一般规则,并且还给予了被告从交易价格、交易量角度的抗辩空间,这体现了《虚假陈述赔偿规定》想要区分行政责任和民事责任,以及强调行政处罚与民事侵权救济所保护的法益并非一致的内在逻辑。② 另一种观点认为,《虚假陈述赔偿规定》并没有明确排除对《九民会议纪要》规定的适用,第 10 条规定是在前置程序被取消的背景下,法院针对没有行政处罚案件的审理规则,《九民会议纪要》第 85 条规定应当继续沿用。

---

① 《九民会议纪要》第 85 条规定:"【重大性要件的认定】审判实践中,部分人民法院对重大性要件和信赖要件存在着混淆认识,以行政处罚认定的信息披露违法行为对投资者的交易决定没有影响为由否定违法行为的重大性,应当引起注意。重大性是指可能对投资者进行投资决策具有重要影响的信息,虚假陈述已经被监管部门行政处罚的,应当认为是具有重大性的违法行为。在案件审理过程中,对于一方提出的监管部门作出处罚决定的行为不具有重大性的抗辩,人民法院不予支持,同时应当向其释明,该抗辩并非民商事案件的审理范围,应当通过行政复议、行政诉讼加以解决。"

② 参见李溶江:《证券虚假陈述纠纷中信息重大性的认定探究》,载《法制与社会》2020 年第 12 期。

本文赞同第2种观点，证监会对上市公司不同形式的违法行为有不同程度的监督管理权。若上市公司信息披露违法违规比较轻微，证监会可以采取责令改正、监管谈话、出具警示函等监管措施。行政处罚是证监会针对上市公司信息披露违法违规作出的最重的惩处措施，行政处罚的作出行为慎重，程序严格，一般会经历立案调查、下发行政处罚事先告知书和最终出具行政处罚决定书等完整流程，对违法违规事实核查仔细、全面，故本文认为，被证监会处罚的虚假陈述行为理应具有重大性。

(三)没有行政处罚的重大性要件认定标准

针对没有行政处罚的虚假陈述行为是否具有重大性的问题，在考虑虚假陈述内容性质的同时，根据《虚假陈述赔偿规定》第10条之规定，今后实务中，证券的交易价格或交易量将会成为关键考量因素。在考量证券交易价格和交易量时，要根据不同类型的虚假陈述行为进行判断，[①]比如虚假记载和误导性陈述属于“主动型”的虚假陈述，不仅要考量虚假陈述揭露日后的证券交易价格和交易量的变化，还要考虑虚假陈述实施日后的证券交易价格和交易量的变化。但这并不代表“主动型”虚假陈述必定会影响实施日后的证券价格或者证券交易量。若上市公司前几年财务状况良好，其财务造假是为了掩盖近期亏损，维持股价的稳定。在虚假陈述实施日后二级市场并不会因此产生巨大变化，证券交易价格和交易量总体保持稳定，该行为被揭露后二级市场才可能发生迅速反应，从而影响证券交易价格和交易量。因此，司法实践在考量此因素时要结合具体情况综合判断。

在重大遗漏一类的“沉默型”虚假陈述行为中，只有虚假陈述行为被揭露后才会发生证券交易价格和交易量的变化。但这种情况也并非一定如此，由于很多虚假陈述案件中实施日到揭露日时间较长，跨度可能长达数年之久，二级市场往往变化很多，很多时候利空利多不断轮换，即使利空消息揭露，股票价格也变化不大，即二级市场的“利空出尽”现象。因此，法院以证券交易价格和交易量来否定重大性要件时，必须持谨慎态度。[②]

---

① 参见汤欣、李卓卓：《新修虚假陈述民事赔偿司法解释评析》，载《法律适用》2022年第3期。

② 李有星、钱颢瑜、孟盛：《证券虚假陈述侵权赔偿案件审理制度研究——新司法解释的理解与适用高端论坛综述》，载《法律适用》2022年第3期。

三、过　　错

在证券发行市场中,由于受害人对侵权人的主观过错难以举证证明,因此各个国家或地区证券法中一般规定以过错推定和无过错责任作为虚假陈述行为人的归责原则。在虚假陈述的民事责任归责原则中,针对不同的主体,有不同的归责原则。《证券法》第85条将发行人的责任规定为无过错责任,对发行人的控股股东、实际控制人、董事、监事及高级管理人员等内部人员规定了过错推定责任;第163条①对证券服务机构规定了过错推定责任。

而《虚假陈述赔偿规定》第13条②又针对《证券法》第85条和第163条规定中"过错"的认定标准进行了细化,将"过错"分为"故意"和"严重违反注意义务"两类。在侵权责任法中,过错分为故意和过失,而过失又包括重大过失、一般过失、轻微过失三类。《虚假陈述赔偿规定》通过"严重违反注意义务"的规定,将过失的程度限定在"重大过失",明确了在证券虚假陈述案件中,如果相关主体的过失不构成重大过失,则无须承担民事赔偿责任。这一规定也有利于防止信息披露的"寒蝉效应"和对企业管理队伍发展不利影响的出现,从而能够平衡投资者和信息披露义务人的保护。③

而对于需要承担过错推定责任的相关主体,《虚假陈述赔偿规定》也规定了具体的抗辩事由,本文就上市公司独立董事和中介机构的抗辩事由进行分析。

(一)独立董事的抗辩事由

独立董事在证券虚假陈述案件中需承担的是过错推定责任。但实际上,独立董事参与公司经营的时间有限,基本不会影响到公司的经营决策,更不会影响二级市场的投资者。因此,如果一味地让独立董事承担责任,与其职权不匹配,反而会引发独

---

① 《证券法》第163条规定:"证券服务机构为证券的发行、上市、交易等证券业务活动制作、出具审计报告及其他鉴证报告、资产评估报告、财务顾问报告、资信评级报告或者法律意见书等文件,应当勤勉尽责,对所依据的文件资料内容的真实性、准确性、完整性进行核查和验证。其制作、出具的文件有虚假记载、误导性陈述或者重大遗漏,给他人造成损失的,应当与委托人承担连带赔偿责任,但是能够证明自己没有过错的除外。"

② 《虚假陈述赔偿规定》第13条规定:"证券法第八十五条、第一百六十三条所称的过错,包括以下两种情形:

(一)行为人故意制作、出具存在虚假陈述的信息披露文件,或者明知信息披露文件存在虚假陈述而不予指明、予以发布;

(二)行为人严重违反注意义务,对信息披露文件中虚假陈述的形成或者发布存在过失。"

③ 关丽、焦清扬:《立法意旨、价值取向与适用路径——简评〈虚假陈述若干规定〉的若干新变化》,载微信公众号"贸仲委浙江分会"2022年4月2日,https://mp.weixin.qq.com/s/LzYbzwPXWrnw7Cw6DceqdA。

立董事的担忧，影响独立董事制度。[①] 因此《虚假陈述赔偿规定》在第16条[②]规定了5项独立董事的抗辩事由，只要独立董事能够证明任何一种情形存在，人民法院就可认定其不存在过错。

既往案例中，康美药业代表人诉讼案件具有标志性意义，该案中独立董事的责任成为社会的讨论话题。根据判决书内容，法院认定康美药业独立董事未勤勉尽职、存在较大过失，且均在案涉定期财务报告中签字，是康美药业信息披露违法行为的其他直接责任人员，最终判决5名独立董事各自承担债务5%～10%连带清偿责任。[③] 结合其他案例可以发现，目前的规定仍然有些不明确。例如，独立董事并非对于会计、法律行业都是了解的，基本上难以在短暂几日之内察觉到虚假陈述行为的存在。那么，对于如何界定“专业领域”“借助”的概念以及如何认定等问题，都有待今后在司法实践中逐步细化。

（二）中介机构的抗辩事由

中介机构在证券虚假陈述案件中需承担的是过错推定责任。2020年以来，中介机构在证券虚假陈述案件中被判决承担责任引发了争议，根据不完全统计，已有不下10个案例中，中介机构被判决承担赔偿责任。因此，针对近年来中介机构责任案件审理中的实际情况，《虚假陈述赔偿规定》第18条[④]对会计师事务所、律师事务所、资

---

① 参见全宗俊：《独立董事虚假陈述责任研究》，载《吉林工商学院学报》2021年第4期。

② 《虚假陈述赔偿规定》第16条规定：“独立董事能够证明下列情形之一的，人民法院应当认定其没有过错：

（一）在签署相关信息披露文件之前，对不属于自身专业领域的相关具体问题，借助会计、法律等专门职业的帮助仍然未能发现问题的；

（二）在揭露日或更正日之前，发现虚假陈述后及时向发行人提出异议并监督整改或者向证券交易场所、监管部门书面报告的；

（三）在独立意见中对虚假陈述事项发表保留意见、反对意见或者无法表示意见并说明具体理由的，但在审议、审核相关文件时投赞成票的除外；

（四）因发行人拒绝、阻碍其履行职责，导致无法对相关信息披露文件是否存在虚假陈述作出判断，并及时向证券交易场所、监管部门书面报告的；

（五）能够证明勤勉尽责的其他情形。

独立董事提交证据证明其在履职期间能够按照法律、监管部门制定的规章和规范性文件以及公司章程的要求履行职责的，或者在虚假陈述被揭露后及时督促发行人整改且效果较为明显的，人民法院可以结合案件事实综合判断其过错情况。”

③ 广州市中级人民法院民事判决书，(2020)粤01民初2171号。

④ 《虚假陈述赔偿规定》第18条规定：“会计师事务所、律师事务所、资信评级机构、资产评估机构、财务顾问等证券服务机构制作、出具的文件存在虚假陈述的，人民法院应当按照法律、行政法规、监管部门制定的规章和规范性文件，参考行业执业规范规定的工作范围和程序要求等内容，结合其核查、验证工作底稿等相关证据，认定其是否存在过错。

证券服务机构的责任限于其工作范围和专业领域。证券服务机构依赖保荐机构或者其他证券服务机构的基础工作或者专业意见致使其出具的专业意见存在虚假陈述，能够证明其对所依赖的基础工作或者专业意见经过审慎核查和必要的调查、复核，排除了职业怀疑并形成合理信赖的，人民法院应当认定其没有过错。”

信评级机构、资产评估机构、财务顾问等证券服务机构的过错审查作了明确规定。而且,由于上市公司的信息披露违法违规通常是财务数据造假,会计师事务所承担连带责任的概率更高[①],《虚假陈述赔偿规定》吸收了《关于审理涉及会计师事务所在审计业务活动中民事侵权赔偿案件的若干规定》的相关规定,进一步在第19条[②]规定了会计师事务所的免责事由,以保障依法执业的会计师事务所免于讼累。

中介机构能否恪尽职守、勤勉尽责是信息披露文件是否存在虚假陈述的重要因素,夯实中介责任势在必行,但应秉承首从区分、权责相配的原则。因此,《虚假陈述赔偿规定》的规定有利于明确不同中介机构的责任,更有利于督促中介机构在其责任范围内尽到勤勉尽责义务。[③]

四、损失及因果关系

(一)损失

根据《虚假陈述赔偿规定》第25条对于虚假陈述赔偿范围的规定,虚假陈述侵权民事赔偿的范围只包括投资差额损失、投资差额损失部分的佣金和印花税,不再包括上述3项所涉及资金的利息。《虚假陈述赔偿规定》针对这点对2003年司法解释进行了修改,体现了证券投资和普通储蓄的不同。

为了规范证券市场日益增多的诱空型虚假陈述,相比2003年司法解释,《虚假陈述赔偿规定》在第27条和第28条分别规定了诱多型虚假陈述和诱空型虚假陈述的计算方法。对于诱多型虚假陈述,投资者在揭露日之后、基准日之前卖出的股票,按买入股票的平均价格与卖出股票的平均价格之间的差额,乘以已卖出的股票数量;未卖出的股票,按买入股票的平均价格与基准价格之间的差额,乘以未卖出的股票数量。对于诱空型虚假陈述,投资者在实施日之后、揭露日之前卖出,在揭露日之后、基

---

① 参见俞涵:《会计师事务所于虚假陈述中的民事责任评析》,载《现代职业教育》2021年第31期。

② 《虚假陈述赔偿规定》第19条规定:"会计师事务所能够证明下列情形之一的,人民法院应当认定其没有过错:

(一)按照执业准则、规则确定的工作程序和核查手段并保持必要的职业谨慎,仍未发现被审计的会计资料存在错误的;

(二)审计业务必须依赖的金融机构、发行人的供应商、客户等相关单位提供不实证明文件,会计师事务所保持了必要的职业谨慎仍未发现的;

(三)已对发行人的舞弊迹象提出警告并在审计业务报告中发表了审慎审计意见的;

(四)能够证明没有过错的其他情形。"

③ 参见周淳:《证券发行虚假陈述:中介机构过错责任认定与反思》,载《证券市场导报》2021年第7期。

准日之前买回的股票，按买回股票的平均价格与卖出股票的平均价格之间的差额，乘以买回的股票数量；基准日之前未买回的股票，按基准价格与卖出股票的平均价格之间的差额，乘以未买回的股票数量。

（二）交易因果关系

由于投资者人数众多，投资动因各不相同，投资者往往证明不了自己是因为信赖上市公司披露的信息才购买其股票这一事实。对此，为了保护投资者权益不受损，2003 年司法解释参考“欺诈市场理论”，对交易因果关系实行推定规则，即只要投资者证明其在实施日之后、揭露日或更正日之前进行了相应的交易行为，之后上市公司被查出实施了虚假陈述行为，则直接推定投资者的交易行为与该虚假陈述行为存在交易因果关系，至于投资者是否对该虚假陈述行为存在信赖，在所不问。[①]

但近年来在审判实践中，各地法院开始将交易因果关系拆分出来进行考量。《虚假陈述赔偿规定》也充分考虑到了交易因果关系这一动因，在第 12 条[②]明确了交易因果关系的抗辩规则，特别指出未受信息披露义务人虚假陈述影响的投资者不具有索赔资格，避免该赔偿制度成为投资者的保险制度。下文对排除交易因果关系的几类主要情形作详细探讨：

1. 原告在交易时知道或者应当知道存在虚假陈述，或者虚假陈述已经被证券市场广泛知悉

在保千里证券虚假陈述案件中，广东省高级人民法院认为：“投资者的注意义务应当与其专业能力相匹配，中车公司作为特定投资者，负有更高的注意义务，但在‘面对面’证券交易中，中车公司完成交易因果关系举证证明义务后，举证责任发生转移，保千里公司需提供证据证明其虚假陈述行为和中车公司认购股票之间没有交易因果关系。为此，中车公司提供了其参与保千里公司非公开发行股票的《可行性研究报告》。该报告表明，中车公司参与保千里公司非公开发行股票的认购主要基于保千里公司业绩增长较快的经营现状，以及对保千里公司未来成长空间和保千里公司股票上涨的预期，而《行政处罚决定书》认定的 9 份虚假的意向性协议对于保千里公司业

---

① 杜小飞：《证券虚假陈述侵权因果关系认定》，载《合作经济与科技》2021 年第 5 期。

② 《虚假陈述赔偿规定》第 12 条规定：“被告能够证明下列情形之一的，人民法院应当认定交易因果关系不成立：（一）原告的交易行为发生在虚假陈述实施前，或者是在揭露或更正之后；（二）原告在交易时知道或者应当知道存在虚假陈述，或者虚假陈述已经被证券市场广泛知悉；（三）原告的交易行为是受到虚假陈述实施后发生的上市公司的收购、重大资产重组等其他重大事件的影响；（四）原告的交易行为构成内幕交易、操纵证券市场等证券违法行为的；（五）原告的交易行为与虚假陈述不具有交易因果关系的其他情形。”

绩以及未来市场预期具有明显影响。因此,中车公司认购保千里公司非公开发行股票受到保千里公司的虚假陈述行为影响,具有事实依据。保千里公司虽上诉主张其虚假陈述行为与中车公司认购股票之间没有交易因果关系,但并未提供证据证实中车公司知道或者应当知道案涉虚假陈述行为而进行投资。"①

结合上述保千里案件,可以将"原告在交易时知道或者应当知道存在虚假陈述"这一情形中的原告认定为知悉虚假陈述的内幕人员以及基金公司、资管公司等投资时已进行了必要的尽职调查,应当发现端倪的专业机构。但这类情形中,若专业机构提交证据证明投资时已进行了必要的尽职调查仍未发现存在虚假陈述,而被告公司却无法提出反证,人民法院应当认定存在交易因果关系。

2. 原告的交易行为受到虚假陈述实施后发生的上市公司的收购、重大资产重组等其他重大事件的影响

2003 年司法解释并无此条款,因此,既往判例中并未出现因该情形导致法院判决完全不存在交易因果关系的案例。经检索,也仅能检索到部分法院认为投资者因该情形导致的部分损失应当自行承担的案件。

在实践中,信息披露义务人从实施虚假陈述行为到该行为被揭露,或者到被证监会立案调查,往往持续时间较长,而在此期间,上市公司并未停止经营活动,极有可能会发生上市公司收购、重大资产重组等行为。但即使在实施日至揭露日期间,上市公司发生了收购、重大资产重组等事件,如何判断投资者的交易行为完全受到该重大事件的影响呢?二级市场上,投资者的交易往往是考虑了多个因素的结果,在这些因素中,无法考量其购买股票的主要参考因素究竟是什么,也无法考量该因素所占比例。此时,要将该因素特别区分出来并不现实,即使区分出来,如何将该部分投资者排除,也是需要考虑的问题,仅仅上市公司发布收购等行为的公告后几日内的买入与虚假陈述行为不具有因果关系,还是上市公司发布收购等行为的公告后投资者的买入与虚假陈述行为都不具有因果关系,需要在今后的司法实践中逐渐形成一个能被大众普遍接受的观点。

3. 原告的交易行为构成内幕交易、操纵证券市场等证券违法行为

在皇台酒业证券虚假陈述案中,甘肃省高级人民法院认为:"袁某在本案中主张交易皇台公司股票所产生的损失与皇台公司虚假陈述之间不存在因果关系,理由如

① 广东省高级人民法院民事判决书,(2019)粤民终 2080 号。

下:(1)袁某持股比例最高时为3.6%,袁某不但属于皇台公司十大股东,且居于前列,其大量频繁交易显然会对皇台公司股价产生明显影响;(2)根据《证券市场操纵行为认定指引》规定和袁某交易记录显示,袁某在本案所涉的皇台公司股票交易过程中,连续交易次数多,数量大,交易手法与普通股民有明显区别,不能排除其操纵股价的可能性;(3)袁某作为企事业单位工人,持1.45亿元巨资购买皇台公司股票,且对款项来源解释为亲戚借款,至今未归还,该解释既不符合常理,也未提供任何证据;(4)本案涉及袁某巨额利益,对于是否存在他人使用其账户的情况,以及具体交易细节等相关事实问题,其本人应当出庭陈述,但袁某4次庭审均未到庭,且理由不符合常理,本院有理由相信袁某存在规避法院调查的可能。基于以上分析,本院认为袁某不同于普通投资者,其交易行为异常,部分行为具有证券市场操纵行为特征,且其交易行为对皇台公司股票价格影响较大,其在本案中主张的阶段性损失与皇台公司虚假陈述之间不存在因果关系。"①

在既往案件中,仅检索到上述一件因构成操纵市场而被法院认定不存在交易因果关系的案件,并未检索到原告的交易行为构成内幕交易的案件。内幕交易、操纵证券市场等证券违法行为是《关于依法从严打击证券违法活动的若干意见》中要求依法严厉打击的行为,违反证券法,最高人民法院将该类行为认定为与虚假陈述行为之间不存在因果关系无可厚非。

(三)损失因果关系

损失因果关系是指虚假陈述行为与投资者损失之间的因果关系。对于损失因果关系的认定,2003年司法解释并未明确将其区分出来,而是参考了"直接因果关系说",即只要得出了交易因果关系成立的结论,投资者又确因交易遭受了损失,即直接推定损失因果关系也成立。

2003年司法解释在损失承担方面,仅排除了"由证券市场系统风险等其他因素所导致"的部分损失。但在证券市场上,实际影响股票价格的因素纷繁复杂,多种因素共同对股票价格产生影响。基于此,《虚假陈述赔偿规定》对于损失因果关系同样

① 甘肃省高级人民法院民事判决书,(2019)甘民终166号。

给予了被告抗辩的机会,在第 31 条[①]扩大了否定损失因果关系的因素的范围,被告可以举证证明在证券市场中其他因素对股价同样产生了影响,从而在计算损失时排除这部分因素给投资者造成的损失。下文即对影响损失因果关系的主要因素作详细探讨:

1. 证券市场的风险

在笔者代理的祥源文化证券虚假陈述案中,浙江省高级人民法院认为:证券市场系统风险是指由整个政治、经济、社会等环境因素对证券价格所造成的影响。风险所造成的后果具有普遍性,不可能通过购买其他股票保值。无论是系统风险还是其他因素,均应是对证券市场产生普遍影响的风险因素,对证券市场所有的股票价格产生影响,这种影响为个别企业或行业不能控制,投资人无法通过分散投资加以消除。[②]

从上述案例可以看出,司法实践中各个法院对于证券市场的风险(系统风险)的观点各不相同,大致可以分为 3 类:(1)系统风险应当对股票市场产生重大影响,引起全部股票价格大幅涨跌;(2)通过大盘指数和行业指数波动判断系统风险影响程度;(3)借助第三方专业机构认定系统风险影响程度。

笔者更偏向于第 1 类观点,即所谓系统风险,是指对证券市场产生普遍影响的风险因素,其特征在于系统风险由共同因素引发,对证券市场所有的股票价格产生影响,这种影响为个别企业或行业所不能控制,投资人亦无法通过分散投资加以消除。例如,2015 年 6 月至 8 月的股灾,沪深股市出现千股跌停、千股停牌,市场流动性严重缺失等异常情况,对市场上几乎所有投资者而言,都难以抗拒;又如 2016 年 1 月 4 日至 7 日,A 股市场实施熔断机制导致证券市场大幅下跌的情形,此类情况才应属于证券市场系统风险因素。

2. 证券市场对特定事件的过度反应

相比于 2003 年司法解释,《虚假陈述赔偿规定》新增了证券市场对特定事件的过度反应这一影响损失因果关系的因素。经过检索发现,在既往案例中,并未出现因该因素导致法院认定影响损失因果关系的案件。

---

① 《虚假陈述赔偿规定》第 31 条规定:"人民法院应当查明虚假陈述与原告损失之间的因果关系,以及导致原告损失的其他原因等案件基本事实,确定赔偿责任范围。

被告能够举证证明原告的损失部分或者全部是由他人操纵市场、证券市场的风险、证券市场对特定事件的过度反应、上市公司内外部经营环境等其他因素所导致的,对其关于相应减轻或者免除责任的抗辩,人民法院应当予以支持。"

② 浙江省高级人民法院民事判决书,(2019)浙民终 1236 号。

针对这一因素，本文认为应当从宏观的证券市场角度来考虑，只有比如战争等导致股价下跌等情况的发生，才能认定为过度反应，而不是上市公司发生重整重组等不足以影响宏观证券市场的情况。但是，参考我国的证券市场的情况，即使发生了过度反应，经过一定时间股价也能恢复，且可能恢复于揭露日前，所以这类特定事件的过度反应也是暂时的，对损失的因果关系如何确定，有待今后的司法实践进一步确认。

3. 上市公司内外部经营环境变化

在广东超华科技股份有限公司证券虚假陈述再审案中，最高人民法院认为："超华公司申请再审提交了案涉虚假陈述行为实施日至被揭露期间超华公司发布的一系列业绩下滑、合作失败、收购终止、控股股东减持公告等证据，用以证明超华公司自身经营不良因素影响了股价下跌，黄某等人的损失与案涉虚假陈述违法行为没有因果关系。本院认为，影响证券投资者投资以及股价的因素非常复杂，超华公司提交的证据不能否定案涉虚假陈述违法行为与黄某等人损失之间的因果关系，亦未能证明其所主张的非系统风险因素对超华公司股价下跌产生的有效影响以及导致的具体损失数额等，该申请理由缺乏事实和法律依据，本院不予采纳。"①

如上述案例显示的情况，在《虚假陈述赔偿规定》出台前，对于上市公司内外部经营环境变化这一因素的抗辩是否采纳也存在不同的观点，但司法实践中多数法院以"没有法律依据"为由，驳回被告提出的抗辩。《虚假陈述赔偿规定》突破性地将其作为免责事由，该款规定今后有可能被被告反复援引，有待学术界和实务界深入研究。

但是，本文仍然持有不同观点。上市公司内外部经营环境变化与本身经营结果不善存在一定区别，最高人民法院在此处规定的经营环境，更倾向于客观内外部环境。针对上市公司内外部经营环境而言，外部经营环境比较宽泛，应是指诸如国家对一些行业转型升级的政策以及部分行业如旅游业、影视行业等经营不善等。而相比外部经营环境因素，内部环境因素的争议，显然更大。本文认为内部环境发生变化是指企业发生意外，如生产工厂发生爆炸等意外事件或者遇到当地产业结构调整等。以上仅是本文观点，上市公司内外部经营环境变化具体包括哪些内容，有待今后《虚假陈述赔偿规定》的实践。但从我国依法打击证券违法行为，维护投资者权益的角度来看，需要被告举证充分证明内外部经营环境变化对股价产生的影响和具体损失数额；否则，法院不应采纳被告这一观点。

① 最高人民法院再审审查与审判监督民事裁定书，(2020)最高法民申873号。

当然,在实践中,损失因果关系的认定和损失计算确实是一个难题,尚无一个达成共识的计算方法。鉴于此,最高人民法院、中国证券监督管理委员会也在《关于适用〈最高人民法院关于审理证券市场虚假陈述侵权民事赔偿案件的若干规定〉有关问题的通知》提出,案件审理过程中,人民法院可以就诉争虚假陈述行为违反信息披露义务规定情况、对证券交易价格的影响、损失计算等专业问题征求中国证监会或者相关派出机构、证券交易场所、证券业自律管理组织、投资者保护机构等单位的意见。

五、结　语

《虚假陈述赔偿规定》对证券虚假陈述侵权民事责任制度进行了充实和完善,细化了揭露日认定的标准,明确了过错、重大性、损失、因果关系等要件的认定,为资本市场的规范发展提供更加有力的司法保障,有利于维护公开、公平和公正的证券市场秩序。

本文从揭露日认定的类型、重大性、过错、损失和因果关系出发,结合证券法、有关司法解释以及既往司法判例,对证券虚假陈述纠纷案件进行了实证分析和探讨。但如本文所述,如今仍有些问题尚未明确,研究不够深入全面,以至于不能达成共识,期待未来司法机关在审判实践过程中使投资者保护与对包括上市公司、中介机构以及相关方在内的侵权人的追责达到一个相对平衡,推动我国证券市场健康发展。

I 投教园地

INVESTOR

如何让投资者在注册制下行稳致远

赵尚琪* 赵秀芹**

摘　要：在我国注册制推进的过程中，投资者教育工作在其中发挥着重要作用。在注册制下，证券公司的投资者教育工作需要帮助投资者正确认识自己、认识风险、认识权益。而这需要投资者教育工作人员在事前、事中、事后三个阶段，针对不同的目标人群制订相应的投资者教育规划。为此，证券公司需要重视从业人员培训，并提升投资者投资能力、强化投资者维权意识。在尊重注册制的基本内涵、参考国际最佳实践的前提下，根据我国特色和发展阶段特征，构建一套完善的投资者教育体系，才能让投资者在注册制下行稳致远。

关键词：证券　投资者　教育

一、引　言

全国政协常委、经济委员会主任尚福林曾指出，注册制改革必须坚持以信息披露为核心，提升市场的透明度，坚持“三公”原则，特别要强调真实、准确、完整地披露信息，保证发行人信息披露的真实性，是注册制改革的关键环节，需要各方共同努力。① 而投资者教育（以下简称投教）工作在其中发挥着重要作用。

需要注意的是，本文所探讨的投教工作，限定在证券公司投教工作范围内。

（一）注册制的配套措施

为了保证注册制平稳顺利地推进，我国在以下四个方面对投资者保护制度作出

* 中泰证券股份有限公司零售业务部副总裁。

** 上海傲度信息科技有限公司董事长。

① 吴晓璐：《全国政协经济委员会主任、中国证监会原主席尚福林：注册制改革需紧抓信披真实性　金融开放面临新机遇》，载证券日报网，http://www.zqrb.cn/finance/lianghui/2021-03-09/A1615217784898.html。

了制度改革:

1. 大幅提高违法违规成本

针对原本证券违法违规成本过低的现象,《中华人民共和国证券法》(以下简称 2019 年修订的《证券法》)发生了较大的改变,对于欺诈发行行为、披露违法行为、发行人虚假陈述等证券违法行为规定的罚款金额大幅提高。同时,2019 年修订的《证券法》也完善了证券违法民事赔偿的责任归属问题。

2. 完善投资者保护制度

注册制背景下,市场对于投资者能力和素质的要求越来越高,完善投资者保护制度是制度改革的当务之急。因此,2019 年修订的《证券法》根据我国国情和我国法律制度,出台了代表人诉讼制度,明确规定了投资者授权投资者保护机构作为代表人的法律依据,确立了"默示加入、明示退出"原则。

3. 进一步强化信息披露要求

注册制以信息披露为核心,因此,2019 年修订的《证券法》设置专章,系统性规范了信息披露制度。

4. 退市制度趋严

为了适应注册制与原本核准制的不同,各大证券交易所纷纷修订了退市制度,优化了原本的 4 类强制退市指标、退市整理期等制度,使退市制度更符合我国资本市场的实际情况和注册制改革的需要。

(二)注册制下投教工作面临的挑战

注册制背景下,上市发行条件的包容性大幅提升,轻资产、高估值、非营利的三创四新企业上市将成为常态。所以,以往的以经营盈亏为好坏标准、以资产规模为估值依据来评价发行人质量的价值观将发生重大变化。

从理论上说,注册制就是将投资风险交给市场进行自由选择,投资者需要在投资决策中面对更加多元化的风险场景,并要做到识别与规避。伴随注册制的推广,投资者需要足够的投资知识、专业的判断力和正确的投资理念。

注册制的实施以权责清晰的分散决策机制为运行特征,发行人、投资者、中介机构之间形成了新的权责关系和利益关联,客观上对投资者的素质和能力提出了更高的要求:自主决策、自担风险是投资者必备的基本能力;明了风险、承担风险、管理风险是投资者应有的基本素质;知悉权利、规范行权、依法维权成为投资者的合理行为。

实行注册制对投资者的投资能力、风险意识、维权意识提出了更高的要求,对投资者普及教育工作也提出了挑战。

（三）投教工作的三项原则

想要让投资者在注册制下行稳致远，投教工作的开展需要坚持以下 3 项原则：

1. 尊重注册制的基本内涵

注册制的核心是信息披露，更重视投资者的需求导向，投资者应当拥有通过发行人披露的信息作出正确投资选择的能力和素质。投资者根据披露信息作出相应的市场选择，会帮助市场进行资源配置，从而形成符合市场情况的合理价格。

因此，投资者教育需要针对不同层次的投资者，利用个性化课程，帮助投资者更好地学习理解信息披露，达到提升投资者投资能力，增强风险意识，培养健康投资理念的目标。

2. 参考国际成熟经验

我国注册制改革刚刚起步，无论是注册制本身还是因注册制改革而开展的投资者教育体制改革，都可以参考国际上的成熟经验。

美国的注册制遵循“披露即合规”的审核原则，对投资者的素质和能力有着较高的要求。美国的金融机构通过构建完善投教体系和举办定期投教活动，为广大投资者提供了有效的帮助，并注重金融机构与普通投资者的互动。

3. 我国特色和发展阶段特征

我国在推进注册制时不能照搬国际经验，必须充分考虑我国市场特色，尊重国内外差异，在参考国际经验的同时，结合我国国情，对注册制进行我国化优化，走出一条中国特色的注册制道路。

开展投资者教育工作，同样要考虑我国实际情况和注册制现阶段的发展特征，因地制宜地制订投教工作计划。目前我国的投教工作仍然存在缺乏资源投入、缺乏长期规划、缺乏投教师资力量等问题。在投教实践中，证券公司应根据我国实际存在的问题开展工作。

二、注册制下的投教目标

注册制以信息披露为核心，以落实“卖者有责、买者自负”为原则，强调发行人、投资者、中介机构、行业自律、审核部门、监管部门归位尽责、各负其责，客观上要求发行人恪守诚信义务，中介机构坚守勤勉义务，投资者遵守适当性义务，形成市场化的自律约束机制。

目前,投资者教育总目标是通过特色投教活动与完善的投教课程体系,帮助投资者提高投资能力,引导不同的投资者正确认识自己、认识风险、认识权益。

(一)认识自己的风险承受能力和投资能力

投资者在参与投资之前,应该首先全面认识自己,通过风险测评等手段确定风险承受能力,而证券公司应当起到提示作用,检查投资者的投资行为是否能够与风险承受等级匹配,并在相应时点对投资者作出相关投资提示。

凡是投资必有风险,投资者在购买投资产品时必须再三斟酌,避免购买与自身的风险承受能力无法匹配的产品可能带来的亏损。投资者需要秉持"买者自负"的理念,独立承担投资带来的相应风险。

因此,对于非专业投资者而言,如果缺乏从市场中筛选优质公司的时间与精力,那么通过基金来参与投资是更合适的选择,这也有助于改善资本市场和投资者结构。

此外,对于那些有一定基础的投资者来说,在注重信息披露、要求投资者素质和能力的注册制背景下,需要强化从信息披露中筛选信息的能力,这就需要有针对性的投资者教育培训课程。

(二)认识投资产品的风险

随着注册制改革的不断深入,上市公司数量将不断增长,相应的退市机制常态化也将逐步形成。公司股票退市是治理失效、经营失败、竞争淘汰、经济周期等多种风险交织的结果,难以避免会对投资者造成经济损失。个人投资者由于对投资风险的认知、识别、管理及承受均有很大的局限性,难以在面对退市风险时正确行使权利,甚至对劣质投资产品采取逆向选择,进一步加大了投资风险。因此,市场优胜劣汰机制常态化将重构投资者的风险认知、风险承担意识,对投资者的风险意识、投资能力形成较大挑战。

(三)认识自身拥有的权益

我国资本市场中,个人投资者占据的比例较高,是世界上个人投资者参与程度最高的市场。在这种以个人投资者为主体的投资者结构下,稳步推进注册制改革,必须重视投资者权益问题。在2019年修订的《证券法》等法律法规中已经明确了投资者适当性规则、区分了投资者类型,并规定了"举证责任倒置"制度。

但是,我国非常高比例的个人投资者对于自身权利没有清楚的认知,根据证券业协会的调查数据,近25%的个人投资者没有行使过表决权,近30%的个人投资者权益受损时没有维权意识表达。

因此，提高不同层次的投资者对合法权益的自我认知、自我主张、自我维护能力，是投资者教育工作的当务之急，顺利完成这项工作，有助于增加市场内部纠错能力，帮助资本市场更加健康稳定地发展。

三、不同阶段下的具体目标

（一）事前观望

1. 投教工作目标

在事前观望阶段，证券公司的主要投教目标是将投教宣传工作融入日常业务及服务过程中，对投资者进行风险提示和金融知识普及。

投资者需要增加的基础金融知识储备，包括但不限于市场情况、基础规则、基本概念等；投资者应该具备的基本投资能力包括但不限于上市公司报告解读能力、风险识别能力等，这些知识会使其对投资风险有一定的心理预期，提升其综合的金融素养与金融专业性。同时，要培养投资者的“主人翁”意识，引导其建立价值投资理念。

此外，应该重视对防范非法集资、投资者保护等方面的投教工作，与当地派出所等机构合作，进行投教法治宣传，通过“3・15 金融消费者权益日”“5・15 全国投资者保护宣传日”等投教主题日活动和“全国防范非法集资宣传月”等投教主题月活动，围绕金融知识、理性投资、防非识假、普法宣传等内容，普及投资知识、揭示产品风险，引导理性投资。

2. 投资者学习目标

在事前观望阶段，投资者应主动获取上市公司信息、主动学习金融知识。

注册制的核心是信息披露，也更重视投资者的需求导向，投资者应当拥有通过发行人披露的信息作出正确投资选择的能力和素质。投资者根据披露信息作出的市场行为，会帮助市场进行资源配置，从而形成符合市场情况的合理价格。因此，注册制对于投资者的素质、能力有着相对更高的要求，在事前观望阶段，证券公司必须明确告知投资者需要具备的基本素质与将要面临的相关风险。

过去市场中的投资者所秉持的投资理念与方式，并不适合注册制带来的全新环境，过往投资者往往不了解上市公司主营业务及盈利增长逻辑，投资行为具有一定的投机成分。注册制时代强调投资者应该通过官方渠道，主动获取上市公司信息，尤其是上市公司报告。又因为上市公司报告中往往包含较多的金融知识,所以投资者应该不断丰富自身金融知识,科学判断上市公司状况,不可盲目跟风。

3. 不同目标人群

在事前观望阶段,证券公司对于不同目标人群应该持有不同的投教工作倾向。针对毫无投资经验或投资经验尚浅的人群,应该进行针对性基础金融知识教育,帮助目标人群塑造出合理、正确、适合注册制时代的投资理念,并做好防范非法证券活动的教育,尽可能避免投资者上当受骗的情况出现。

而针对有一定经验的投资者,事前观望阶段的投教宣传同样需要跟进。金融产品是不断发展和推陈出新的,相关的金融知识也是与时俱进不断发展的,这些走在时代前沿的金融产品往往设置了准入门槛,能够参与其中的投资者都是有一定投资经验的,甚至是专业投资者。对于这部分目标人群,事前观望阶段证券公司应该针对实时热点进行投教宣传,避免事中、事后阶段出现本可避免的纠纷。

(二)事中投资

1. 投教工作目标

事前教育阶段是整个投教工作的基础,在事中投资阶段,需要在前一个阶段的基础上加深并巩固教育成果。

在我国股市中,股价同步性是非常普遍的现象,股市中的股票往往呈现“同涨同跌”的态势。作为资本市场至关重要的组成部分,投资者群体是否足够理性,对于资本市场定价是否合理有着至关重要的作用。

在事中投资阶段,证券公司需要引导投资者与上市公司进行良性互动,强调投资者的“股东身份”,增强投资者对于股东权利的认知,使其产生“主人翁”意识,主动参与上市公司的决策,对上市公司提出合理质询等,让投资者群体成为社会监督力量。

在投资者进行投资的过程中,证券公司应该适当跟进,并辅助投资者拟定投资策略,如制定盈利线/止损线等合理的退出策略,避免追涨杀跌。在投资过程中,证券公司也应向投资者提供及时、可靠的信息来源,培养投资者交叉对比信息的能力,提高投资者理性投资的能力。

同时,证券公司在事中阶段应持续开展投资者教育工作,增加投资者教育的深度与广度,加强投资者的“主人翁”意识、加强投资者群体的理性程度,倒逼上市公司提升自身质量,使上市公司自觉地完整公开基本面信息,从而促进资本市场的良性发展。

此外，该阶段还需着重培养投资者的心态，避免其因为市场正常波动而造成心态变化，要引导投资者理性对待投资风险。

2. 投资者学习目标

在事中投资阶段，投资者应对自己有相对明确充分的自我认知，明确自身的"股东身份"，并自觉成为督促上市公司提升质量的监管力量，从而使整个资本市场环境得到改善，形成投资者与上市公司双赢的局面。

同时，投资者也应寻找适合自己的投资风格，建立科学的投资策略，摒弃错误的投机心理，继续学习，养成通过上市公司基本面信息进行理性投资的好习惯。在理性投资的过程中，逐步稳定自身心态，避免市场波动引起极端心态波动。

3. 不同目标人群

在事中投资阶段，对于那些刚刚开始进行投资，此前毫无投资经验或投资经验尚浅的人群，证券公司应该跟进其投资活动，进一步完善事前教育阶段的教育成果，着重培养这部分投资者的独立投资决策能力和投资心态。

科创板、创业板、港股通、北交所等新生名词陆续推出，中国金融市场的创新方兴未艾，理性投资者群体的参与对于中国金融市场的持续稳定发展至关重要，这在一定程度上能够倒逼上市公司提高质量。因此，在事中投资阶段，证券公司仍然需要对具备一定经验的投资者进行投教宣传，并提供具有针对性、定制化的投教服务，帮助他们适应金融市场的快速变化，从而反馈整个资本市场。

（三）事后维权

1. 投教工作目标

证券公司在事前教育阶段与事中投资阶段的主要工作，是帮助投资者了解金融知识、协助投资者作出投资决策，力求避免出现金融纠纷。但若是依旧出现了金融纠纷，证券公司将成为上市公司与投资者之间的桥梁，可以帮助协调纠纷，并可以将公益性质的投教基地作为触手，帮助投资者完成维权。

由于过去证券纠纷诉讼索赔过程的困难、胜诉案例的缺失，投资者往往缺乏诉讼成功的信心。除了缺乏信心的投资者以外，还有相当一部分投资者甚至不知道自己拥有维权的权利。

在注册制时代，2019 年修订的《证券法》的落地，证明了市场法治化建设的逐步加强。例如，"特别代表人诉讼"制度的落地，能加快投资者维权的整体进度，集中广大群众的力量，形成法律威慑力，减少各类证券违法行为的发生。而康美案、恒康案等案件的胜诉,用事实证明了诉讼维权的可行性和投资者保护的力度,也是给投资者打的一针强心剂。在维权过程中,证券公司需要起到提醒作用,为投资者提供正规合法的维权渠道,提醒投资者使用法律武器,只有让这些提醒融入整个投教体系,潜移默化之间让投资者普遍具备维权意识,才能使整个资本市场步入成熟阶段。

因此,证券公司在本阶段最应该做到的,就是提高投资者的维权意识。

在普法之余,证券公司也需要体现出企业的社会责任感,为这些遭受到损失的投资者,提供能够抒发情绪的对外渠道(如投教基地等),及时稳定投资者情绪,扮演好投资者与上市公司间的“缓冲带”角色,避免不必要的纠纷。

2. 投资者学习目标

在本阶段,投资者应该主动学习金融知识,了解自己有哪些权益,一旦利益受到了损害,就可以选择合适合理的维权方式,维护自身利益。同时,在自身利益还没有受到损害时,投资者应积极参与证券公司或金融机构组织的投资者保护活动,提前了解自身权益,避免利益受到损害时意识不到自己可以维权的情况发生。

3. 不同目标人群

事后维权主要针对已经产生金融纠纷的投资者。

这一部分投资者的利益已经受到了损害,在金融活动中属于受害者群体,证券公司必须表现出相应的社会责任感,帮助这部分投资者打通维权通道,提供法律咨询等服务。

此外,还有部分投资者因为不法分子的非法金融活动受到损害,对于这一部分投资者,证券公司同样需要在事后维权阶段提供足够的帮助,并配合相关部门做好打击非法金融活动的工作。在投教工作的过程中,也需要对全体投资者灌输提前预防非法金融活动的理念,将事态遏制于发生之前。

四、具体措施

证券公司不仅是交易的中间人,更是投资者与资本市场之间的桥梁。证券公司有责任有义务引导投资者了解注册制及相关配套措施,这也是维护资本市场稳步发展的关键一环。

中泰证券投资者教育与保护工作牢牢把握“以投资者为中心”的理念,秉承“共建全民投教,助力理性投资”的宣传导向,深入一线,向社会公众普及证券投资及风险防范知识,开展丰富多彩的投教活动,多元化的投教方式,受到广大投资者的一致好评。本部分将以中泰证券的实践与成效,具体说明证券公司在三个阶段应如何开展投教工作。

(一)提升投资能力

目前,将投教工作纳入国民教育体系,是我国投教工作从业者努力奋斗的重点目标,目前许多证券公司已经开展了诸多尝试,想要通过投教工作与国民教育的融合,促进投资者整体素质的提升,开创投教工作新模式。

1. 因材施教

投资者教育是一个长期性、基础性、系统性教育的过程,应纳入国民教育体系,贯穿各个年龄段的投资者。因此,证券公司在开展投教工作时,也必须按照不同的投资者类型,提供有针对性的投教课程。

针对中小学生群体,应积极走进校园及社区服务中心,积极开展关注儿童成长的儿童财商公益活动,开发出儿童财商教育等系列课程。

以中泰证券为例,中泰证券投教基地设有财商教育系列活动——理财小课堂课程。理财小课堂是中泰证券财商教育系列活动的重要组成部分,专门针对小学以下的小朋友们开设,中泰证券依托已开发完成的《金融与理财》小学版课程,同时增加动画、漫画及游戏形式,使小朋友们易于接受理解,通过形象生动的方式引导小学生树立正确的金钱观、消费观和财富观。

同时,中泰证券为积极响应中国证券业协会“投资者教育进百校”的活动倡议,提升学生群体金融素养,树立正确的投资理念,自 2021 年寒假起,公司国家级投教基地开展多期青少年财商教育寒假实践活动,来自济南德润高级中学、山东省实验中学、历城二中、泉海小学、山大附中等学校的 30 余名中小学生参与了实践。

针对大学生投资者群体,证券公司应做到线下广覆盖,设立大学城投教基地,将投教工作在大学生群体中有效延伸;在大学校园中举办不同投教主题的讲座,将金融知识带进大学校园,带给缺乏金融知识的大学生;推动投教、高校学习体系、投教基地建设、国民教育体系的全方面发展。

为强化大学生风险意识,引导其形成正确的投资理念,2020 年 12 月 18 日下午,由山东证监局、山东省证券业协会指导,中泰证券主办的“理性投资　防金融诈骗”投资者教育走进济南大学商学院。活动中,中泰证券与济南大学商学院共同建立了投资者教育宣传基地,为培养学生健康的投资理念,提升风险防范意识共同努力,将大学生投资者教育工作打造成为一项常规性工作。

同时,中泰证券也以此次活动为起点,推动投资者教育纳入国民教育体系工程,加强与省内省外高校合作,坚持普惠性、公益性和长期性,发挥公司优势,整合各方资源,计划将投教纳入国民教育落到实处、形成实效,逐步塑造中泰证券国民教育工作的品牌。

针对老年投资者群体,证券公司应该对投教工作作出适老化改进。近年来,中泰证券围绕老年人的投教工作需求进行谋划,在各营业网点积极推进适老化服务,力争将投教工作做到"全覆盖"。同步推进线上服务的适老化改造和线下服务的全面升级和定制。在线上服务方面,中泰证券正在逐步完成"齐富通"长辈模式的开关及"齐富通"首页和交易首页的适老化改造工作,并逐步开展"齐富通"长辈模式的运营推广,预计制作推广文章、视频、海报等内容,并发布相关投教内容。在线下服务方面,中泰证券要求分支机构对于前来现场办理业务的老年人,安排专人提供软件操作、业务规则、办理流程一对一讲解,解决老年人在咨询、办事、填表、操作等环节遇到的困难。为老年人等特殊群体设置"等候专区"或"爱心专座",并配备了坐垫和饮水机,可以随时供应热水,使老年人更舒心地等待业务办理。

2. 自下而上

投资者教育要想融入国民教育体系,就应该从基层做起,遵守"从群众中来,到群众中去"的原则,做普罗大众喜欢的投教作品、做普罗大众能够理解的投教作品。

证券公司在打造投教作品时,应进一步开发原创特色产品,选择老少皆宜的艺术形式(如短视频、纪录片等),打造适合社会宣传的投教作品,并融入时下流行元素。

目前,中泰证券将在各级监管部门的领导下,以习近平新时代中国特色社会主义思想为指导,认真落实2019年修订的《证券法》有关投资者保护的新机制新举措,深入普惠金融教育,开展"有温度"的投教服务,做"看得懂、记得住、有文化"的投教产品,切实维护好投资者合法权益,助力建设一个规范、透明、开放、有活力、有韧性的资本市场。

证券公司开展投教工作时,应该与社区达成深度合作,让社区统筹应当进行投资者教育的潜在投资者群体,在社区定期或不定期地举办投教活动,提高社区投资者的积极性和凝聚力。

中泰证券开展投教活动以"贴近基层,走进社区"为原则,联合上海证券交易所开展了4场投资者教育进社区活动。活动以"警惕团伙作案,勿入证券期货投资圈套"

为主题，通过开展公益讲座、播放打非宣传片、发放宣传资料、参与交易所有奖答题等形式，多层次、多渠道地科普非法证券期货知识，引导投资者理性参与金融市场投资。

此外，证券公司还需要加强投教队伍的建设，让投资者自愿加入投教队伍，让投资者教育成为全社会的流行风向。

3. 循序渐进

证券公司需要建立一套循序渐进的投教培训体系，让投资者对金融知识的学习由易到难。投教培训体系应该包含投教课程、投教产品、投教活动等部分，而这些部分应当拥有互补效果，并根据投资者本身金融知识的掌握程度，设置难度梯度。同时，也应借助先进的电子化投教手段，更高效和全面地提高投资者的投资能力。

4. 作用

投教工作的最终目的应该是使投资者认识自己、认识投资、认识风险，正所谓胜人者有力，自胜者强。证券公司通过因材施教、自下而上、循序渐进这 3 个维度开展投教工作，推动投资者教育纳入国民教育体系工作，提高投资者的整体素质，满足全面开展注册制的需要。

（二）强化维权意识

在注册制背景下，想要提高资本市场生态环境，就必须让投资者获得强有力的司法保障。多项法律法规的出台或修订，其根本目的正是打通投资者维权渠道，方便投资者维权，从而保护投资者权益。

为了配合投资者保护相关法律法规，证券公司也必须跟进，通过不同的方式丰富投资者对于自身投资权益与权利的认识，在投资者教育中普及维权渠道与方法，最终实现增加投资者的底气，提升投资者信心的目标。

1. 维权知识普及

证券公司可以定期举办投资者维权网上咨询活动，并进行相应宣传，吸引广大投资者积极参与。同时，可以精选出专业的投教工作人员在线答题，力求在线答复率达到 100%。在活动结束后，精选部分问答可以网络公示，以飨读者。

咨询内容应当涉及金融基础知识和投资者权益保护知识等，全面满足投资者的咨询需要，切实解决投资者面对的投资、维权问题。

2021 年，中泰证券更加重视开展投资者法治教育工作，积极引导投资者明规则、识风险，维护投资者自身合法权益。适时提供三方合作通道：由律师团队提供目标企业，公司零售业务部门提供相关数据，营业部具体操作，共同打通维权索赔之路。

2. 纠纷线上调解

证券公司可以联合部分民营企业,建立金融纠纷调解室,并聘请资深律师、金融机构工作人员和行业协会人员作为调解员。同步开发相应的调解APP,为投资者提供"线上调解"服务。中小投资者有维权调解需求的时候,可以通过线上APP,从调解员名单库中选择满意的调解员,为其进行"一对一"的纠纷解决服务。

中泰证券与江苏维一网信息科技有限公司、维一律师事务所开展合作协助客户进行股票索赔维权。2019年开展合作以来,公司共调取64只可索赔股票数据,目前已成功为410余位客户索赔共计1600余万元。

3. 维权案例宣传

康美药业特别代表人诉讼案作为首单特别代表人诉讼案,一审判决法院责令康美药业股份有限公司赔偿投资者损失24.59亿元,完成了特别代表人诉讼从零到一的突破,成为资本市场法治建设的里程碑事件,也进一步体现了注册制对证券违法违规行为严厉打击的要求,为投资者保护体系的建设作出了贡献。

在操纵市场类民事索赔方面,恒康医疗案同样完成了从零到一的突破,成为全国首例操纵市场民事赔偿支持诉讼,并且获得了终审胜诉,直接体现了2019年修订的《证券法》对于维权的先进意义。

我国投资者对于维权索赔的信心是普遍不足的,而投资者维权意识的建立,就需要塑造投资者维权索赔成功的信心。因此,证券公司需要在日常的投教工作中做好宣传,将如上的投资者维权成功案例作为宣传内容,塑造投资者维权信心,鼓励投资者为自身权益而努力,鼓励投资者积极成为市场监督力量,促使上市公司提高质量。

(三)重视从业人员培训

证券从业人员是实现证券行业职责,服务实体经济和社会财富管理的基础和保障,测试、培训是促进证券从业人员队伍提升职业道德和专业素养的重要手段。证券公司应按照《证券法》《证券基金经营机构董事、监事、高级管理人员及从业人员监督管理办法》《证券公司董事、监事、高级管理人员及从业人员管理规则》等法律法规的要求,加强证券从业人员培训力度,间接推动投资者教育工作的发展。

1. 常态定期培训

根据《证券公司从业人员业务培训细则》等指导文件,制定培训规则、培训大纲和培训教材,建立培训资源信息共享机制,开展工作交流,建立定期培训制度,对"党建引领、行业文化、职业道德""法律法规""专业技能"等方面进行培训。

同时,应该将培训纳入从业人员考核,记录培训情况,并根据培训情况对从业人员作针对性培训,确保证券从业人员掌握足够的专业知识,能够帮助投资者解决绝大多数专业金融问题。

2. 动态识别风险

针对市场上出现的新型非法证券活动、系统性市场风险、个股风险警示等突发情况,证券公司要对从业人员展开不定期突击培训,增强从业人员对于突发情况的重视和了解,让从业人员有能力给予投资者实时提示,帮助投资者处理突发情况或者帮助投资者查漏补缺,避免出现问题迟迟无法解决的情况。

3. 搭建绩效考核体系

以中泰证券为例,为了加强制度体系建设,公司针对投资者保护提出新目标、新要求,明确将投资者教育工作的开展情况纳入分支机构绩效考核,细化投资者教育考核指标,量化分支机构投资者教育工作落实情况。根据检查结果,在分支机构绩效考核中扣减或增加相应绩效考核分,从而提高分支机构开展投资者保护工作的积极性。通过公司总部对分支机构投资者教育工作考核以及分支机构自查与考评相结合的方式,有效保障了投资者教育保护工作的落实。

五、尾　　语

资本市场无法脱离投资者而存在,推进注册制改革的过程,也是加强投资者合法权益保护的过程。一个健康、茁壮的资本市场,永远不能缺少投资者对于资本市场的信心。投资者保护机制薄弱的市场就如同没有打牢地基的高楼,终究只会成为一栋危楼。

因此,构建一套能够因材施教、自下而上、循序渐进的投资者教育体系,推动投资者教育进入国民教育体系,让投资者在注册制下行稳致远,是目前证券公司投教工作的工作重点。证券公司在推动投资者教育工作的过程中,必须尊重注册制的基本内涵,并优化、吸纳优秀投教案例。

同时,打铁还需自身硬,无须扬鞭自奋蹄,投资者自身同样需要努力学习金融知识,通过完善的投资者教育,增强投资者自身投资能力,自身与制度相互结合、相互成就,最终更好地达成投资者保护的目的。

征稿启事

中证中小投资者服务中心(以下简称投服中心)是由中国证监会批准设立并直接管理的证券金融类全国性公益机构。《投资者》是投服中心主办、拟向社会公开连续出版的综合性出版物。宗旨是维护投资者权益,为投资者提供保护与服务。

《投资者》以法学领域探究为侧重点,展现国内外投资者权益保护的最新理论与实务动态,内容以境内为主,境外为辅;以实践为主,理论为辅。分为“政策解读”“理论探究”“公司治理”“市场实务”“投教园地”“案例探析”“域外视野”等部分,每辑根据实际情况作适当调整。

《投资者》拟每季度出版1辑,全年出版4辑。

一、征稿范围

涉及法学、经济学及其他领域,与投资者尤其是中小投资者及其权益保护相关的理论和实践性作品。要求未曾公开发表或主体部分未曾公开发表。

二、投稿须知

1. 文章应当论点鲜明、逻辑严谨、可读性强、贴近市场,具有学术深度和实践应用价值,字数在8000~10,000字为宜,特别优秀的理论文章字数不限。

2.《投资者》编委会保留对来稿进行文字性和技术性修改的权利。除作者特别说明外,其文章均为个人观点,与其所在单位、职务无关;不代表投服中心观点,文责由作者自负。

3. 来稿请附上作者的姓名、单位或学校、职称或职务、通信地址、邮编、电话、电子邮箱。

4. 请将Word文件发送至电子邮箱:tzzbjb@ isc. com. cn。文章应符合国家著作权规定、学术规范及《投资者》编辑体例要求。

5. 来稿一经录用,编委会将及时通知作者;选用后将根据文章质量及字数从优支付稿酬,并奉送样书。北大法宝法学期刊数据库全文收入本书。

6. 联系人:王昕宸　　电话:021 - 60290646

地址:上海市浦东新区世纪大道 1701 号钻石大厦 B 座 11 楼中证中小投资者服务中心《投资者》编委会,邮编:200122。

投服中心

《投资者》编委会

2022 年 8 月

编辑体例

一、标题:宋体四号字,加粗,居中。

二、作者:宋体小四号字,居中,并用上标星号(*)作为介绍作者脚注的标志,在脚注中注明作者工作单位、职务、职称。如有两名作者,第二名作者用两枚上标星号(**),以此类推。

三、摘要、关键词:中文摘要200字以内、关键词3~5个。

四、正文:宋体小四号字,首行缩进,行距1.5倍。区分标题和要点,标题层级依次为"一、……""(一)……""1. ……""(1)……"要点层级依次为"1. ……""(1)……""①……"一级标题采用小四号字体加粗;二级标题采用黑体小四号字不加粗;三级标题宋体小四号字,不加粗。引用具体法律文件应加书名号,如《证券法》《上市公司重大资产重组管理办法》。法条序号(第×条、第×款、第×项)、时间(世纪、年代、年月日等)、数量金额等用阿拉伯数字,但直接引用原文的从原文。

五、注释:一律采用脚注,全文每页重新编号,注码放标点之后,注码符号为"①②③……"非引用原文者,注释前加"参见";引用资料非原始出处者,注明"转引自";宋体五号字。

常见注释示例如下:

1. 著作类

(独著作品)费孝通:《乡土中国》,人民出版社2015年版,第134~135页。

(合著作品)范健、王建文:《商法的价值、源流及本体》,中国人民大学出版社2007年版,第10页。

(多人合著作品)左卫民等:《中国基层司法财政变迁实证研究(1949—2008)》,北京大学出版社2015年版,第88页。

(编辑作品)何勤华编:《律学考》,商务印书馆2004年版,第65~67页。

（中文译著作品）［英］洛克：《政府论》（上篇），瞿菊农、叶启芳译，商务印书局1982年版，第15～16页。

（台港澳作品）王泽鉴：《人格权法》，台北，三民书局2012年版，第15页。

（间接引用文献）参见王泽鉴：《民法学说与判例研究》，北京大学出版社2009年版，第108页。

2. 期刊论文类

（期刊）闫召华：《概率原理在犯罪嫌疑人摸排中的应用》，载《中国人民公安大学学报（社会科学版）》2013年第5期。

（论文集）尹田：《法国合同责任的理论与实践》，载梁慧星主编：《民商法论丛》第3卷，法律出版社1995年版。

（学位论文）雷丽清：《中美内幕交易罪比较研究》，华东政法大学2012年博士学位论文，第12页。

3. 报纸类

陈甦、陈洁：《投服中心持股行权：理念创新与制度集成》，载《上海证券报》2017年1月4日，第7版。

4. 古籍类

《清实录》卷一四六。

5. 辞书类

《牛津法律大词典》，光明日报出版社1988年版，第99页。

6. 网络类

汪波：《哈尔滨市政法机关正对"宝马案"认真调查复查》，载人民网2004年1月10日，http://www.people.com.cn/GB/shehui/1062/2289764.html。

单素华：《证券纠纷特别代表人诉讼相关程序性法律问题分析》，载新华网，http://www.xinhuanet.com/finance/2020－09/04/c_1126452998.htm。

7. 裁判文书

北京市海淀区人民法院民事判决书，（2018）京0108号民初142号。

8. 外文著作类

Richard H. Thaler, *Misbehaving: The Making of Behavioral Economics*, W. W. Norton & Company, 2015, p. 6.

9. 外文期刊类

Forrest Briscoe and Katherine C. Kellogg, *The Initial Assignment Effect: Local Employer Practices and Positive Career Outcomes for Work-Family Program Users*, 76 American Sociological Review, 292(2011).

10. 外文案例类

Greebel v. FTP software, Inc., 194 F. 3d 185(1st Cir., 1999).

11. 外文网站类

Stephen McDonell, *When China Began Streaming Trials Online*, BBC News(Sept. 30, 2016), https://www.bbc.com/news/blogs-china-blog-37515399.